萬里機構

前言

在當今互聯網時代，資訊一日千里，人們的生活逐步複雜化和多元化。核心力量的提升使得社會對人的要求更為嚴苛，讓人感覺越來越緊迫和心力交瘁。「每天忙到不行，都不知道自己到底做了甚麼？」、「一個上午都過去了，我昨天放在桌子上的文件還沒找到。」、「糟糕，我剛才做的文案放在哪裏了？」人們最大的困惑，是迷茫與焦慮，是覺得無論怎麼努力，都找不到一條通往未來的捷徑。

其實，我們的煩惱來自頭腦的不清晰，來自對身邊之物束手無策的管理，我們一直在尋找一種更好的辦法，來梳理自身的思緒和周圍的事物，但苦於沒有系統地學習，所以陷入迷茫和困頓。

工作其實是一場戰鬥。從早上起來加入戰鬥，到晚上拖着疲憊的身子回到家裏，你總覺得一天下來，像是經歷了一場激烈的競賽，而且常常輸得一塌糊塗。到底是甚麼在干擾着你，阻礙着你發揮戰鬥力呢？一件沒完又來一件的工作，不停湧進的電郵，堆積如山的資料，還有數不清的電話和客戶的接待，它們像一條條寄生蟲一樣吞噬着你寶貴的時間。事情愈堆愈多，工作沒有任何進展，壓力越來越重，這些讓你感覺自己快喘不過氣來。此時，你最需要的是一套系統管理自己和日常事務的方法。

還記得上學時那些用功努力最後卻名落孫山的同學嗎？其實，他們不是不夠用功，不夠努力，只是學習的方法錯了。同樣，工作亦是如此，那些在工作中勤勤懇懇的人不一定會有驕人的成績，只有善於工作，用對方法的人才能受到青睞，才能贏得未來。

生活中，我們欣賞那些花費了大量時間最終做成一件事的人，但我們更敬佩那些沒有花費多長時間就高效完成任務的人。那些優秀的人士無一不是如此，他們非常善於規劃和整理自己手頭的事務，總能用極短的時間做成一件事。其實，他們不過是掌握了某種高效工作習慣的人，只要我們能掌握它，我們也能像他們一樣成功。

這本書就是為你量身定做的一本提升個人工作效能的書。它從時間管理、目標管理、高效思維、要事法則、整理藝術、專注力、創新力、管理團隊、高效溝通及精誠合作十方面入手，幫助你在工作中提升績效，重塑自信。

這個世界雖然在不斷變化，但一些方法永遠不會變。放眼望去，我們看得見、看不見的世界堆滿一堆零亂的雜物，等待着我們用生命之箭去理順。有句話説，一個人最重要的不是努力，而是找準自己的方向，當我們找準了自己的方向，視野變得清晰時，就能剔除煩惱和愁思，讓一切變得豁然開朗起來。

目錄

前言　/ 002

管理好你的時間，去做更多的事

1 每天擠出一小時　/ 010
2 早起一小時，為要辦的事情做準備　/ 012
3 抓住一生中的「黃金時間」　/ 014
4 利用「二八法則」，將主要精力用在關鍵點上　/ 016
5 不要把時間花在沒有成果的小事上　/ 018
6 謹防你身邊的「時間盜賊」　/ 020
7 盡可能簡潔地表達你的觀點　/ 022
8 大膽說「不」，拒絕干擾　/ 024
9 只有堅持每天列清單才會有用　/ 026
10 用看報紙的方法看書　/ 028
11 別讓拖延症害了你　/ 030

以結果為導向的目標管理

12 寫一份個人使命宣言，並以此作為設定目標的指導　/ 034
13 把目標分解，逐個完成任務　/ 036

14 制定你的職業生涯目標 / 038
15 制定目標須把握 SMART 原則 / 040
16 善用行事曆和工作表 / 042
17 對照工作日誌向自己「開火」 / 044
18 選擇你熱愛的工作 / 046

Chapter 3 培養高效的思維方式

19 將「不懂」的訊息裝入大腦，在無意識中進行整理 / 050
20 換個角度看問題，能讓你豁然開朗 / 052
21 用圖解整理思維的技巧 / 054
22 利用前輩經驗，不做重複勞動 / 056
23 培養及時發現問題的思維 / 058
24 發散思維頭腦風暴，讓問題得到更多答案 / 060
25 頭腦風暴中可帶來收益的技巧 / 062
26 利用辦公室物品，提升工作效率 / 064
27 簡化思維，一切可以更簡單 / 066
28 細節思維，關鍵時刻以細節取勝 / 068

Chapter 4 堅持要事第一的原則

29 先做最重要的事情 / 072
30 最先做你最不願意做的事情 / 074
31 一次性解決事情，不寄希望於以後 / 076
32 怎麼擊退職業倦怠感 / 078
33 確認自己的角色，在工作和家庭中保持平衡 / 080
34 按照承諾和約定去做一件事 / 082
35 對結果承擔責任 / 084

36 做事情之前要做好準備 / 086
37 善抓機遇，爭取主動 / 088

Chapter 5 工作效率是整理出來的

38 終止混亂，建立高效的文件系統 / 092
39 及時整理資料，有效利用訊息 / 094
40 讓辦公桌成為舒適的工作場所 / 096
41 關於電腦與電郵的整理 / 098
42 定時將你的頭腦清空 / 100
43 不要太依賴你的記憶力，把你要做的事情寫下來 / 102
44 給待辦事項排出優先順序 / 104
45 開會也要設定規則，提高會議效率 / 106
46 做好出差前的準備，輕裝上路 / 108
47 充分利用外出開會的機會 / 110
48 遠離過勞，做好規劃，輕鬆度假 / 112

Chapter 6 認真專注，最大限度發揮自身潛力

49 專注自己的工作 / 114
50 休息時完全放鬆，做事時高度集中 / 116
51 一個擁有自制力的人，才能高效工作 / 118
52 在工作之中要懂得拒絕 / 120
53 既然在工作，就一定要敬業 / 122
54 抵住機會誘惑：太多機會容易導致犯錯 / 124
55 記住你最初的夢想，不要滿足於一時的成就 / 126
56 放棄之前，問問自己是否竭盡全力 / 128
57 不斷反省，向自己的弱點開火 / 130

50 簡單的事情重複做，你就是贏家 / 132

善於創新，尋找解決問題的捷徑

59 隨身攜帶紙筆，隨時記下你頭腦中的靈感 / 134
60 大眾化產品也能開發出新特色 / 136
61 創新自己的工作方式 / 138
62 借鑑他人優秀的經驗 / 140
63 多用新招，一招不見得能走天涯 / 142
64 把 90% 的人說「好」的決定扔進垃圾桶 / 144
65 出奇制勝，善於反其道而行之 / 146
66 搶在變化之前先改變 / 148
67 倒立思維，一切皆有可能 / 150
68 在繁雜的流程中，學會簡化一個步驟 / 152

Chapter 8

學會帶團隊，提升工作績效

69 不懂帶團隊，你就得自己拼到底 / 154
70 帶人的第一技能：學會傾聽 / 156
71 嚴密的制度，是高效管理的關鍵 / 158
72 果斷決策，讓行動領先一步 / 160
73 培養沒有任何藉口的執行力 / 162
74 為人才選擇合適的崗位 / 164
75 調節員工情緒，提高他們解決問題的積極性 / 166
76 調用資源，幫助員工快速達成目標 / 168
77 每天花 10 分鐘幫助從未主動找你求助的員工 / 170
78 高效利用流程圖，用最少的時間取得最大的成果 / 172
79 學會放權，把權力授予信任的人 / 174

80 危機發生時儘快做到止損 / 176
81 高效溝通必備的六大素養 / 178

Chapter 9 懂得溝通，讓執行更順暢

82 如何與偏執者達成共識 / 182
83 如何激勵內向自卑者 / 184
84 如何獲得挑剔者的贊同 / 186
85 如何與陌生人迅速建立關係 / 188
86 委婉批評，讓對方更易接受 / 190
87 讓恰當的讚美成為溝通的潤滑劑 / 192
88 巧妙談判，在談判桌上實現雙贏 / 194
89 步步為營，有邏輯的演講最具説服力 / 196
90 溝通不良時的七個解決辦法 / 198

Chapter 10 精誠合作，利用合作提升戰鬥力

91 廣交良友，廣結善緣 / 202
92 尋找合適的合作夥伴 / 204
93 制定願景，一路同行 / 207
94 鼓舞團隊士氣，引爆團隊能量 / 210
95 向對手學習，讓自己更加強大 / 212
96 做一個可靠和值得信賴的人 / 214
97 敞開胸懷，博采眾議 / 216
98 修煉個性魅力，做一個受歡迎的人 / 218
99 發揮集體的智慧和力量 / 220
100 用企業文化塑造向心力 / 222

Chapter 1

管理好你的時間，去做更多的事

每天擠出一小時

在我們平時的生活中，忙碌成了常態，我們很少花時間去思考事情。然而，如果不進行思考，我們的工作和生活將會是甚麼樣子呢？我們會迷失在充滿各類問題的日常生活中，在各種業務間忙忙碌碌，疲於奔命。

其實，我們每天只要花一點時間思考一下當天需要做的事，就能從迷茫與疲憊中抽離。事實上，有些成功者並不是天賦異稟，也不是在專業上比我們厲害，他們只是善於利用時間。在忙碌的日子裏，他們也會要求自己每天抽出那麼一點點時間，做自己想做的事，即使每天只有一小時，如果持之以恆，也一樣可以有很大的成就。

那麼，如何在忙碌的生活中擠出一小時的時間呢？只要你願意，有很多辦法可以一試。

一 最大限度地利用過渡時間

從早上起床到上班以及從下班到回家的這段時間，我們稱為過渡時間。你可以在穿衣服時思考一天要做的事情，在等車或上班途中，借助收音機、手機等工具聽新聞、聽講座、看電子書、看影片或了解自己感興趣的事情。只要你懂得利用，每一刻時間，你都能同時進行兩到三件事。

二　喝咖啡時間的正確用法

你可以利用這段時間好好放鬆一下，順便處理下你的日常雜事。

三　會利用等待時間

在等地鐵或巴士的時候，你可以利用等候時間來處理那些一直困擾你的問題。不妨對問題進行深入思考，或許你並不能解決問題，但至少可以找到突破點，打開一些思路。

四　正確使用睡眠時間

醫學家曾研究發現，很多人實際上並非需要那麼多的睡眠時間。當我們發現自己在少睡一些的情況下，仍然可以精神百倍地處理工作，並且不影響健康時，我們何不嘗試將自己的睡眠時間減少半小時呢？這樣算下來，一年之內我們可以為自己節約出將近一個星期的時間。

五　打破帕金遜定律

帕金遜定律是英國政治學家西里爾．諾斯古德．帕金遜為揭露英國政治社會制度中官僚主義組織結構的弊端而提出來的，意在嘲諷政治機構的臃腫和低效。它的含義是：在工作中，只要還有時間，就將工作不斷擴展下去，不管是否有效率，直到將所有的時間用完為止。由此產生的不良現象是：人浮於事，相互推諉，工作效率低下。其實，你完全可以利用工作中空閒的時間看看相關專業的書，拓展自己的知識面，提升自己的業務能力。

每天安排出一小時來學習。即使每天看起來沒有做出多大的事情，但假以時日，你就會看到前所未有的收益。

早起一小時，為要辦的事情做準備

以往的時間管理是「運用密度」與「化零為整」。例如，原本需要三小時才能做好的事，人們想的是怎麼能夠在一小時內完成；或是運用通訊工具，有效處理事情。現在時間管理的新戰場，已經開始向早晨延伸。

當下，有一種人被稱為「晨型人」，他們往往比普通人早起一個小時，利用早上寶貴的一個小時做很多事情，讓自己在新的一天擁有充沛的精力，為自己的人生開拓不同的可能性。

早睡早起對人的身體健康與工作效率都有很大的好處。每天早起一小時，一年下來就能多出 15 天。如果我們能有效地利用這段時間，就可以多讀很多好書、提高自己的外語能力、拓展興趣或專長等。人生另一種可能性，或許就在這裏展開。

所以，如果你也想擁有高效的工作方式，就從早起一小時開始吧！

一 早起做運動，可以振奮一天的精神

早上醒來後，你需要在床上做一些小小的伸展運動，如膝靠胸運動、抱膝運動、脊椎扭轉運動、貓式伸展運動等。它可以幫你放鬆你的肌肉，讓你的血液流通更加流暢，從而更好地開始新的一天。

二 早起看書效率最高

早上起來，人的大腦經過一夜的休整，正是接收訊息的最佳時刻，這時候，如果你去背單詞或者記憶一些專業方面的知識，能夠起到很好的效果。

三 早起悟人生，發揮創意

早上是一個人靈感最活躍的時刻，這時候人的領悟力也最強，如果進行創作往往能捕捉到新奇的意象，創作出高質量的作品。台灣知名畫家、詩人和作家蔣勛先生最黃金的工作時間一直是早上6點至9點，他的很多畫作都是在清晨的時光中參悟與創作出來的。

方法 3 抓住一生中的「黃金時間」

規劃時間時除了要分清事情主次並進行合理歸納總結外，還要注意把握黃金時間。那麼，甚麼是黃金時間呢？每個人都有兩種黃金時間，它們分別是內部黃金時間和外部黃金時間。

內部黃金時間是我們的精神狀態處於最高潮時候的時間段，在這段時間裏，我們的潛能能夠最大限度地發揮出來，工作效率也最高。通常來説，我們一天當中有四個黃金時間：

第一，早上起床後。這個時段，人的精神狀態最佳，認、記印象清晰，適合學習和記憶那些難記又必須記憶的內容，如外語、地名、人名、地理位置、事件等。

第二，上午 8 點到 10 點。這個時段，人體內的腎上腺素等激素分泌旺盛，人腦處於最易建立條件反射的中度興奮狀態。此時人的精力最充沛，思維敏捷，大腦活躍，最好去做一些重要的事情，攻克較難的事務。

第三，晚上 6 點到 8 點。這個階段是人的記憶效果最好的時段，適合用來回顧當天的事情，也是整理筆記的最佳時間。

第四，臨睡前。臨睡前也是人的記憶力比較好的時段，在這段時間看書，往往能很快記憶一些知識，同時也能為你的睡眠做好準備。

當然，內部黃金時間也因人而異，比如，有的人在凌晨起床時記憶力最好，精神狀態最佳；有的人則在傍晚時表現出最好的精神狀態；還有的人可能在晚上或者上午呈現出飽滿的工作熱情，創造性最強。

那麼，你想知道自己在哪個時間段裏思維最靈活、最清晰嗎？

你可以隨意選擇兩個時間，如上午 10 點到 12 點，下午 3 點到 5 點。然後，在接下來的兩個星期裏，你仔細觀察自己在這兩個時間段中的哪個時間段裏精神狀態最佳，那麼，這個時間段就是你的內部黃金時間。

在確立了自己的內部黃金時間後，你可以選擇在這段時間裏處理你手中最為棘手的難題，或者最為重要的工作。

而所謂外部黃金時間，就是指你在和周圍人，如同事、主管、朋友、家人等打交道時，他們最能幫你做出決定，給你答覆，並願意為你提供訊息的時間。

比如，主管吃完午飯準備休息的時間，你可以將當天需要批示的文件送交主管批示；或者說你可以趁主管在即將離開辦公室外出辦公時，抓緊時間向他請示，這個時間段就是你的外部黃金時間，通常容易辦成事。

利用「二八法則」，將主要精力用在關鍵點上

在管理學原理中，有這樣一個法則 —— 二八法則，又名「80/20 定律」、「帕雷托法則」等。該法則所包含的意義是：在企業生產過程中，原因和結果、努力和報酬、投入和產出之間存在難以解釋的不平衡，即企業中 20% 的原因、努力和投入決定着 80% 的結果、報酬和產出。也就是説，企業中大約有 20% 的員工在創造着企業 80% 的產值。所以，我們應該學會運用「二八法則」，將主要精力用在最見成效的地方。

如果你是一位企業管理者或經營者，要熟知以下幾條法則：

一 二八管理法則

作為管理者，要把管理重點放在 20% 的骨幹力量上，再以 20% 的骨幹力量帶動 80% 的多數員工，從而提高企業效率。

二 二八決策法則

在決策時，管理者要抓住企業普遍問題中關鍵性的問題進行決策，這樣才能達到綱舉目張的效果。

三 二八融資法則

管理者要將有限的資金投入重點經營項目中，以此不斷優化資金投向，提高資金使用效率。

四 二八營銷法則

經營者要抓住 20% 的重點商品與重點用戶，滲透營銷，牽一髮而動全身。

總之，「二八法則」強調的是管理者在工作中要抓關鍵點，如關鍵人員、關鍵項目、關鍵崗位、關鍵環節、關鍵用戶。

如果你是一位普通白領，在平時工作中也要學會利用「二八法則」，並遵守下列事項：

- 集中精力做能充分發揮自身優勢的事情，不必要求事事都有好的表現。
- 尋求捷徑，而非全程參與。
- 選擇性尋找，而非鉅細無遺地觀察。
- 小心選擇自己的事業，如果可能，就自己當老闆。
- 從生活的深層去探索，找出那些關鍵的 20%，以達到 80% 的好處。
- 少做一些，鎖定少數能以「二八法則」完成的目標，不必苦苦追求所有機會。

方法 5

不要把時間花在沒有成果的小事上

一隻鼬鼠向一隻獅子下了戰書，要與牠決戰，對此，獅子果斷地拒絕。鼬鼠得意十足地說：「哈哈，怎麼樣，你害怕了吧？」獅子說：「是的。如果我答應你的話，你就可以得到曾與獅子比武的殊榮；而我以後就會因為和鼬鼠打架而被所有的動物恥笑。」

這個寓言故事告訴我們，不要被無關的人和事過多打擾，你的更多精力要放在自己的目標上，不要把時間浪費在無謂的瑣事上。

下面列舉一些最常見的浪費時間的行為，希望能引起大家的注意。

一 優柔寡斷

在做決定這件事上，他們有很嚴重的選擇困難症，總是要花費許多時間去做決定。

二 行動遲緩

很多時間都是在我們拖拖拉拉中流逝的。所以，如果你想做一件事，就要養成「現在、立刻、馬上」去做的條件反射。在工作上要做到「日事日畢，日事日清」，否則心中惦記着未處理的事，為此不能專心做其他事，也是一種隱藏的浪費。

三 亂打電話

在打電話之前，想好你打電話的目的，盡可能用簡明的語言將事情處理好。打電話時最忌諱的是沒有目的地亂打電話，或說完正事還閒聊，那就是浪費時間了。

四 馬馬虎虎地工作

馬馬虎虎地工作也等於是浪費時間。比如，如果你沒有認真整理和清理文件的習慣，一旦把文件、書籍放錯了位置，再去尋找就要花費時間。

五 工作分配不合理

別人能順帶着幫自己做的事情就大膽地交給別人去做，如果事事親為，就會浪費很多寶貴的時間，這樣在處理必須自己親手做的工作時，就會缺乏時間，無法把工作完成好。

六 會議佔用的時間過多

隨意召開會議也是浪費時間的一個很大原因。有調查顯示，無效率的會議是企業中時間浪費的最大來源。

七 無限度地寬容自己

寬容也要用在對的時候、對的地方。有些時候，對自己無限度地寬容，實際上是縱容，更是在傷害自己。比如，一項工作，本來只要三天就能完成，結果由於對自己寬容，延遲了兩天，最後導致後續工作無法順利開展。

如果你能戒除身上的這些小毛病，你會發現，原來自己的工作可以更高效。

方法 6 謹防你身邊的「時間盜賊」

歲月是一個神偷，它偷走我們生命中最寶貴的東西。其實，我們身邊也有很多「時間盜賊」，在不知不覺中盜走我們的時間，而我們卻渾然不知。我們的生命是有限的，如果每個人都從我們身邊盜走一些時間，那麼最後我們可能會變成一個時間缺乏者，工作績效也會慢慢降下來。

那麼，如何分辨哪些人有可能是隱藏在我們身邊的「時間盜賊」呢？以下幾類人你需要留意：

第一，愛聊八卦的人。愛聊八卦的人經常會以這種方式開始他們的談話：「哎，你聽説最近 ××（某個明星）的事了嗎？」當你一旦顯示出你的好奇心，他們就會滔滔不絕地講給你聽，就這樣你寶貴的時間就被竊走了。

遇到這樣的人，你可以委婉地説：「哦！真是糟糕，我差點忘了還有一件事沒處理完，我的記性怎麼變得這麼差。」然後趁勢走開。總之，你要盡可能地忽略他們，不要給他們開口的機會。

第二，職場新人。這類人雖然愛學習，愛向人請教問題；但如果你表現得足夠慷慨，這很可能會讓你成為一個老好人、一個問題接收器。

面對這種情況，當他們再一次將問題拋給你時，你可以微笑着對他們説：「我建議你先仔細想出一個方案，然後再來找我交流。」

第三，牢騷滿腹的人。這類人急需一個窗口把自己對生活的認識和感悟表達出來，他們需要獲得別人的認同。一旦他們發現你對他們的話語感興趣，他們就會像找到了知己一樣興奮，不停地向你傾訴和抱怨。

對於這類人，你可以像對待第一類人一樣，對他們說：「對此我感到很遺憾，但我現在不能與你討論這件事，因為今天的事情實在太多了，我必須馬上處理掉。」當他們得知你有事情要忙時，會知趣地離開。

第四，「博古通今」的人。這類人往往喜歡在對話中引經據典，講出你所不知道的事情。偶爾聽聽，可以增長點見識，但如果對方只是以炫耀才華為目的，那麼你可能要因此飽受耳膜之苦了。

對於他們，你可以假裝聽得很懂的樣子，對他們說：「原來如此，真是高見。哎呀！對不起，我得馬上走了，回頭再來取經。」

如果你身邊也有這樣的「時間盜賊」，不妨準備幾個不失禮的對應方案，並在腦中練習一下，當這樣的人再來到你面前時，你就能想好辦法，為自己爭取到寶貴的時間了。

方法 7 盡可能簡潔地表達你的觀點

有句話説：「言為心聲，文如其人。」一個成熟幹練的人説話一定是乾脆利落、簡明扼要的。而那些説話囉唆、言語混亂的人在生活中也一定拖拖拉拉、猶猶豫豫。説話簡潔明瞭，不僅受人歡迎，還能節省自己的時間，提升做事效率。

所以，在生活中一定要養成簡潔表達觀點的習慣。在與人交談時，不要讓別人聽着困惑，摸不着頭腦，要一語中的，讓他人很快讀懂你的意思。那麼，在平時的生活和工作中，怎樣才能做到言簡意賅呢？

一 培養自己分析問題的能力

要學會透過事物的表面現象，把握事物的本質特徵，善於總結和概括，盡可能將自己要表達的話語凝練成簡單的幾句話。另外，注意語言表達邏輯，開口前要想好先説甚麼，再説甚麼。

二 多掌握一些詞彙，讓自己的語言更豐富，表達更精準

福樓拜曾告誡人們：「任何事物都只有一個名詞來稱呼，只有一個動詞標誌它的動作，只有一個形容詞來形容它。如果講話者詞彙貧乏，説話時即使搜腸刮肚，也絕不會有精彩的談吐。」中國是詩詞的國度，語言文化燦爛，所以我們要多汲取其中的精華，為我們所用，讓自己在表達一件事的時候可以信手拈來，而不是話到嘴邊説不出來。

三 刪繁就簡，語言不必過分華麗

再複雜的事情，也能用最簡單的話語表達出來，句子最簡潔的結構是主、謂、賓結構，要想說話簡潔，就盡量用這種簡潔的句式，而不是在說話的時候加一大堆形容詞，修飾可以讓句子靈動、豐滿，但不夠簡潔。

在最短的時間內找出問題的關鍵點，語中要害，往往能起到事半功倍的效果。尤其是在當今時代，生活節奏大大加快，人們更不喜歡那些繁文縟節和冗長拖沓的無聊話語。所以，一個人如果能夠抓住關鍵，用短小精悍的話語去表述一件事，那麼這樣的說話方式就更受人們的歡迎，也能提升自己的工作效率。

大膽説「不」，拒絕干擾

現實中，並不是所有的「好」都能換來一個好的結果。因為你太容易説話，所以有好多事情都會找上門來，於是你要花費很長時間去完成這些事。有時候，你還會因為無法按時完成這些事而焦慮。其實，你可以不必如此戰戰兢兢，只要你敢於大膽説一個「不」字，你就能獲得心靈上的解脱，獲得時間上的自由。

雖然對他人説「不」有可能會讓你看起來不夠大度，甚至會被人看成「不容易接近的人」，但如果你想要節省自己的時間，提升自己的工作效率，有時不得不走這一步棋。

説「不」本身很簡單，只需要一秒鐘。困擾你的不是説「不」這個行為，而是其後果。所以你需要學會怎樣説「不」，讓對方感到可以接受。

下面是一些巧妙説「不」的方法：

不能説「好」，但要給出一個正面的第一反應，要做到這一點，你可以採用如下幾種表達方式：

謝謝你問到我……

你問我讓我感到很榮幸……

這聽起來很有趣……

你真是太好了……

避免説「但是」，這是帶有負面含義的一個詞，會讓人心情一下子跌落下去，你不妨用一些其他的詞彙，如「那麼」、「然而」和「以及」等。

巧妙應答。給對方留下一個正面的印象，你可以說「祝你好運，等事情有了進展告訴我」等等。不要說「換個時間再找我吧」。如果你給了這樣的回答，那麼它會使你陷入無盡的尷尬。

下面是一個巧妙拒絕的案例：

「最近我組織了一個非常棒的活動，我覺得你非常符合這個活動的要求，你願不願意過來幫一下忙？」

「哦！首先要謝謝你能想到我，能收到這樣的邀請我真的感到很榮幸。不過這次我恐怕參與不了了，因為我手頭有好幾件重要的事情要做，它們都需要我投入很多的時間和精力。如果現在再去接手別的事情，對其他人來說是不公平的。假如我答應了你的事情而又沒有足夠的時間和精力來做的話，我對你也會感到愧疚。所以，我相信你會找到比我更好的人手的。加油，事情有好的進展一定要告訴我。」

上面這段話可以委婉地拒絕一個同事或一個朋友，但如果你要說「不」的對象是你的頂頭上司或老闆呢？不妨看下面這個案例：

「在娜拉的產假期間，我希望你接手客戶服務的工作，怎麼樣？」

「謝謝你能想到我。這對我來說是一個很不錯的項目而且我非常願意接受這樣的挑戰。不過要接手這項工作，並且出色地完成它，我需要得到你的幫助。你能不能適當轉移一下我的其他工作，這樣我就能每天騰出兩個小時的時間。我知道 ×× 以前做過資料輸入的工作，所以我認為他應當很擅長做這個。」

方法 9

只有堅持每天列清單才會有用

在生活中，如果你想要做更多的事，就需要給自己列清單。很多人都知道列出「事務清單」的重要性，但高效能人士與低效者的區別在於：前者能夠堅持每天這樣做，而後者並非如此。要想在有限的時間裏完成盡可能多的工作，其中一個秘訣就是每天都為自己的任務列出清單，把它放在身邊，用它來指導你每一天的具體工作。在列清單時你需要注意以下幾點：

一 列寫清單的時間

請注意，列寫清單不是簡單地每天早上找出幾分鐘空閒的時間來做，或每個星期偶爾做幾次。記住，要在每天結束後、睡覺之前列寫事項；這樣，你的大腦會在幾個小時的睡眠時間內潛意識地思考這些事項，幫你在第二天清醒地記住你要做的事。

二 設定優先次序

不要將那些日常工作都列在清單上，你只需要列出那些非常重要的事情即可。因為假如你的清單上都是一些無關緊要的事情，即使你把它們全都完成了，依然無法提升自己的工作效率。

還有一個問題，你的重要事項清單上允許有幾個事項？答案是五項，不能再多。這五項只能是最重要的事情，而不是五項最快能辦到的事情，不是五項最容易辦的事情，也不是五項最要緊的事情，只能是五項真正重要的事情。

三 承諾的力量

當你記下這些事項後，它們就會成為你自身的一部分，而這份記錄就像一份承諾書，你將會記得對自己承諾了要做甚麼。這種承諾的力量會促使你發揮自身潛能去完成它。告訴自己，白紙黑字，可不要賴帳。

四 不要為無法完成所有任務而焦慮

有時候你可能會完成清單上所有的任務，但大多數情況下你無法做到這一點。當你無法完成它們的時候，你是否會感到沮喪？其實大可不必。記住，「事務清單」的目的在於幫助你更好地利用你的時間，而非做完清單上所有的事情。如果你已經做完了所有你認為很重要的事情，那麼接下來你可以考慮去做一些在你看來比較重要的事情。

良好的時間管理能夠幫助你更有效地處理事情，如果能夠讓任何事都變得有條不紊，那麼你在工作中將會感到更加輕鬆。

方法 10 用看報紙的方法看書

很多人喜歡看書，但又常常抱怨自己看書太慢。花在看書上的時間本來就不多，如果不會科學地閱讀一本書，那麼你可能需要很長時間才能看完一本書。這樣的看書效率是很低的，而你從中獲得的知識又非常有限。因此，高效地看一本書就顯得很有必要。

如果感覺自己需要多看一些書，但又想提升看書效率的話，那麼你可以嘗試用看報紙的方法看書。首先瀏覽一下書的封面，出版社通常會在上面列出一些關鍵詞，讓你一眼明白書中的主要內容。書籍的前摺頁和後摺頁通常有關於這本書的作者、譯者和內容介紹，這些總結性的話語一般比較簡短，就像一篇新聞的導言一樣，讓你一下子讀懂這本書的主旨。接下來，你可以翻開這本書的目錄，它會對一些細節性的訊息進行詳細解讀，從而方便你了解這本書的故事概要和大致框架。

當你看完這些內容後，可以迅速將這本書翻閱一遍，看看其中是否有自己比較感興趣的地方。整個過程不要超過看一份報紙的時間。

閱讀一本書，即使它有 500 頁，你的主要目的也是了解作者的主要觀點；所以，你大可不必一個字一個字地去讀。在閱讀的過程中，盡量借助他人對這本書的評價，綜合性地去讀，不要花費大量時間在一詞一句上。只有當你對某部分內容極其感興趣的時候再去閱讀細節。通過這種方式，你可以在較短的時間裏獲取該書中的大部分重要訊息。

掌握快速的閱讀方法不僅可以增加你的閱讀量，還可以大大提升你的閱讀質量。當你接觸到的圖書品種增加的時候，你就會更容易遇到那些值得仔細閱讀的內容。

相信你會有這樣的經歷，當你在讀完一本書後，要試着給你的朋友介紹這本書時，你會發現自己突然無法順暢地表達自己的觀點。這是因為，你其實只記住了書中的一些比較突出的要點。因此，既然你本身不可能記住太多內容，為甚麼不在開始時就唯讀那些最能記住的內容呢！

眾所周知，一個人的閱讀速度越快，他在同樣時間內掌握的知識量也就越多。這是一個競爭激烈的時代，也是一個資訊爆炸的時代，誰能在短暫的時間內掌握足夠多的知識，擁有足夠多的知識儲備，並將其靈活運用，誰就能在社會競爭中保持優越地位。

所以，如果你必須進行大量閱讀，不妨參加一個速讀培訓班。研究表明，如果你能夠在參加完培訓班之後每天堅持快速閱讀兩個小時，你就可以保持自己的閱讀速度。

當你學到了快速的閱讀方法後，你會發現閱讀其實也是一種樂趣，在領悟到知識之後，你就可以在朋友和同事面前旁徵博引，暢談自己的觀點和看法。

別讓拖延症害了你

拖延是很多現代人擁有的一個陋習，回想一下那些被你推遲的事情，它們是怎樣被甩到角落裏棄之不顧的？你所拖延沒有去做的那件事，或許是件很重大的事情，但給自己帶來的後果卻是無足輕重的；或許是一件很微小的事情，但給你帶來的打擊卻是嚴重的。不管是因小失大，還是因大失小，拖延症都是讓人頭痛的事情。

拖延往往是從一個領域滲透到另一個領域的。一般來說，在某個領域患有拖延症的人，在另一個領域也不會成為一個行動迅速的人。通常來說，拖延症的表現和產生拖延症的原因主要有以下幾點：

其一，無法按時完成上司交辦的任務。原因是：懶惰，缺乏自信，或能力欠缺。

其二，無法完成自己制訂的計劃或任務。原因是：懶散，缺乏毅力和鬥志。

其三，對於別人拜託的事情沒有做好。原因是：對自己認識不清，沒有責任感。

其四，花了很多時間和精力去做一件事，依然沒有做好。原因：做事分不清主次，沒有規劃，沒有全身心投入。

其五，明明能夠很快做好的事情，還是沒有完成。原因是：缺乏責任心，自制力差，注意力不集中，沒有找到正確的做事方法。

其六，故意將一些自己能夠做到的事情推遲。原因是：賭氣，不尊重他人，想要顯示自己的權威。

其七，堆積在自己身上的事情越來越多，而自己越來越煩。原因是：抗壓能力不夠，不能及時完成手頭的事，小事變大事。

在認識了拖延症之後，我們再來看一下拖延症的後果。如果你沒有及時處理好上司交給你的任務，上司很可能會認為你能力不夠，從而不再器重你。如果你沒有及時完成別人交給你的任務，那麼別人可能認為你不太可靠，從而不再信任你。當然，拖延症除了浪費時間外，還有很多可怕的後果，如損壞名譽、丟掉工作、失去朋友、惹來麻煩等。

認識到這些後果後，我們到底如何治癒自己的拖延症呢？對於拖延心理的處理，要有具體而不是抽象的應對策略，讓人無法找到安慰自己的藉口。下面，我們根據一些工作中會出現的狀況，有針對性地進行一些對拖延心理的處理：

- 將工作目標拆分成小的目標，每一個目標都有嚴格的達成界限和完成期限。
- 命令自己開始進行，同時強迫自己不要去想進行的過程和結果。
- 對進步和努力做出獎勵。
- 為自己下達一個具有操作性的任務，而不是那種模糊而抽象的任務。
- 為自己設定一個務實的目標，而不要異想天開。
- 現實地對待時間，而不是按照自己期望的那樣。
- 利用接下來的一點時間完成一件事，逼迫自己重視起短暫時間的意義。
- 做好應對困難和失敗的心理準備，為困難找方法而不是藉口。
- 以自己的事為優先，學會適當地拒絕別人。
- 把找到的藉口留在事情完成以後再說，不給自己放縱的機會。

只有找到了自己拖延的根本原因，並從中找到最有效的根治辦法，然後付諸實施，才能最有效地治癒它，並從中解救你的時間。

Chapter 2

以結果為導向的目標管理

方法 12

寫一份個人使命宣言，並以此作為設定目標的指導

許多人拼命埋頭苦幹，到頭來卻發現追求成功的梯子搭錯了牆，但是為時已晚。我們常說，重要的不僅是努力，還有方向。在工作中亦是如此，確定了工作的目標和方向，我們的工作效率會大為提升；反之，缺乏目標，一不小心就會多走冤枉路。

明確真正的目標很重要，只有目標明確，勇往直前，堅持到底，才能收穫更多。而要想制定一個適合自己的目標，就要對自身情況加深了解。弗蘭克爾說：「我們是發現而不是發明自己的人生使命。」要為自己制定目標，就要先發現自己的人生使命，為自己寫一份個人使命宣言。

使命宣言是個人的根本大法、基本人生觀，也是衡量利弊得失的基準，你要明確自己的目標，要先寫下你的使命宣言。

制定使命宣言，可參考以下六個步驟：

開動腦筋暢想

請根據內心所想，回答下面 3 個問題，你可以在每個問題上花 2~3 分鐘。

1. 寫下一個對你的生活有積極影響的人，寫出你最欣賞這個人身上的甚麼品質，你從這個人身上學到了甚麼品質？

2. 詳細說明你最想成為怎樣的人。你最期望自己擁有的成就是甚麼呢？你想成就甚麼樣的事業？

3. 目前對你最重要的是甚麼？

二 放鬆一下

現在請深呼吸一下，然後放鬆下來。放下你手中所寫的，走開幾分鐘。

三 整理你的思緒

回顧你所寫的，圈出你想列入自己使命宣言的關鍵想法、詞語和句子。

四 寫出初稿

現在，你可以動手寫初稿了。前文已經列舉出了幾個使命宣言的範本，以助於你思考。一周內隨身攜帶這份初稿，當你有新的感悟和想法的時候，寫下備註或根據需要加以增刪。隨着時間的推移，你的使命宣言將不斷得到完善。

五 完成你的使命宣言

當你的思緒沉澱下來後，寫出你認為最完美的使命宣言的定稿，然後將其放在一個便於隨時翻閱的地方。

六 定期檢查並對使命宣言加以評估

每個月問自己以下幾個問題：

1. 叩問自己的內心，眼前的這份使命宣言是否代表了最好的自我？

2. 當你回顧這份使命宣言的時候，是否感到有了方向、目標、挑戰和動力？

3. 你的工作和生活是否遵從了使命宣言中的理想和價值呢？

方法 13 把目標分解，逐個完成任務

一般來説，人們更容易接受短期的、具體的東西，而對於那些長期的、模糊的東西則難以接受。再遠大的目標，如果不能分割成一個個小的目標，就很難實現；即使真的實施起來，也容易讓人因看不到曙光而情緒懈怠。所以，在實施目標的過程中，我們需要將目標分解，逐個完成任務。

把大目標分成小目標就像減肥一樣，如果讓你從三百磅一下子減到一百磅，你會覺得這是一個非常艱巨的任務，會感到壓力巨大。但如果你能將這個任務按階段劃分，一開始只給自己減五磅的任務，那麼慢慢你就會覺得，減肥其實並不是件多麼難的事情。這種將目標一點點分割，直到徹底實現目標的方法叫「逐步逼近思維法」。雖然目標可以分解，但對於不同的人來説，分解的方法也不盡相同。下面我們來介紹兩種比較常見的：

一 剝洋葱法

剝洋葱，毋庸置疑，就是將大目標一層一層剝開，分成若干個小目標，然後再將小目標分解成若干個更小的目標，直到剝開洋葱的心，清楚地知道自己目前該做甚麼。

二 多杈樹法

如果將樹幹比作總目標的話，那麼連着樹幹的分枝就代表一個個分解的目標，分枝上長出的小枝幹代表小目標，而樹枝上的葉子代表即時目標，也就是我們現在要去做的事情。我們現在要做的就

是去完成那一個個小目標。在目標實施過程中，你可以通過畫多杈樹的方式一點點向總目標靠近：

- 寫下你的總目標。
- 寫出實現這個總目標所有的必要條件和充分條件，這些條件就是第一層樹杈。
- 寫出實現每個小目標所需要的必要條件和充分條件，這些條件就是第二層樹杈。
- 依次類推，直到畫出所有的樹葉，這些樹葉就是你的即時目標。這時，你的多杈樹分解圖也就基本完成了。
- 最後檢查一遍，看看還有沒有需要補充的。

通過分解一個個小目標，也可判斷大目標的可行性。

一個從事保險行業的業務員的目標是年賺百萬元，他能否實現這個目標呢？我們來幫他算一筆賬。要想一年賺百萬元，根據這個同學的現有提成比例，他必須在一年內完成 300 萬元的業績。

根據多杈樹法，一年 300 萬元的業績，平均每個月就要完成 25 萬元的業績，那麼一天就是大概 8,300 元的業績。要想完成每天 8,300 元的業績，大概要拜訪 50 個人，那麼一個月就要拜訪 1,500 個人，一年拜訪 1.8 萬個客戶。那麼，這位業務員現在就需要 1.8 萬個 A 類客戶。可以想像，這個難度其實是非常大的。假如沒有這麼多 A 類客戶，就要不斷拜訪陌生客戶。假設每個客戶平均要談上 20 分鐘的話，一天要談 50 個客戶，就需要每天花 16 個小時以上與客戶交談，還不算路途時間。顯然，這也是很難做到的。

通過這個小故事，我們就會明白，目標不是憑空想像出來的，需要依靠一個個能完成的小目標來確立。如果這些小目標都沒有實際可操作性，那麼大目標自然也無法完成。因此，在平時的工作中，要想提高工作效率，就要學會將目標分解，來逐個完成任務。同時，你也可以通過分解目標來驗證總目標的可行性。

制定你的職業生涯目標

在職業規劃中，讓人最頭疼的莫過於職業目標的設定了。職業目標在職業規劃中的重要性又使得我們不可忽視。因此，要做好職業規劃，就要有一個切實的職業目標。

在制定職業目標的時候，我們需要有時間概念。職業目標需要用時間來衡量。按照時間概念，我們可以簡單地將其劃分為短期目標和長期目標。但是短期與長期的具體時間要求是因人而異的。大概的劃分可以是，長期 5~7 年，短期 1~3 年。

下表以人力資源管理經理助理的長期目標與短期目標為例：

	短期目標	長期目標
概念目標	• 承擔更多的監管人力資源運作的職責 • 廣泛涉及人力資源開發的各個方面 • 與直線管理層更多地互動	• 參與人力資源規劃 • 參與公司的長期規劃 • 參與制定並執行公司政策
行動目標	2~3 年內成為人力資源經理	6~8 年內成為公司的人力資源部總經理

長期目標的制定就是將自己的職業理想放入一個較長的時間框架裏。因此，我們就需要了解自己希望在未來的長時間裏承擔甚麼類型的工作，想要獲得何種回報。

長期的概念目標制定後，為了實現它，我們需要制定一系列的短期的概念目標。

短期的概念目標可以看作一種手段，它是對長期的概念目標的支撐。因此在制定短期的概念目標的時候，我們需要問自己，甚麼樣的活動或工作經歷會使你有能力去實現長期目標？你需要開發自己的哪些才能？甚麼樣的技能會在將來有助於我實現下一個目標？也就是說，將短期目標的實現當作一個實現長期目標的手段。短期目標的實現關係到長期目標的實現。因此短期目標與長期目標一樣，應該與個人偏好的工作環境的主要因素相一致。

在制定了長短期目標後，我們還要為自己制定行動目標，行動目標是概念目標的發展。明確了自己的概念目標，下一步就是具體的行動。概念目標向行動目標的轉變，也就是將自己的職業期望變成具體的工作企業或工作崗位。因此，我們可以看出，行動目標是實現概念目標的一種手段。

在制定了各類目標後，就要嚴格按照相應的目標去做，相信你能在工作中做到最好、最富有效率。

制定目標須把握 SMART原則

在目標制定後，我們就要對自己的目標進行管理，目標管理是使個人的工作由被動變為主動的一個很好的管理手段。在管理目標時，著名的管理學大師提出了一個原則，那就是制定目標要把握 SMART 原則。那麼甚麼是 SMART 原則呢？

一 Specific——具體

所謂具體就是要用具體的語言詳細說明要達成的行為標準。明確的目標幾乎是所有成功者的一致特點。很多人之所以不成功，就是因為他們制定的目標模棱兩可，或者他們在工作中沒有將目標有效地傳達給相關成員。

比如，銷售人員在制定目標時有這樣一條——「增強客戶意識」，這個目標就很模糊，我們可以將其具體到某些可操作的細節，如將上月的客戶投訴率由 5% 減少到 3% 等。

Measurable——可以衡量

如果制定的目標沒有辦法衡量，就無法判斷這個目標是否已經實現。比如，主管有一天問「新來的員工是否能勝任工作了？」擔負指導工作的你覺得這個問題難以回答，原因就在於這個問題沒有一個定量的可以衡量的分析數據。所以，制定的目標一定要能夠衡量。

你可以安排一次測試，評分在 70 分以上為合格，70 分以下為不合格，這樣就可以衡量他們是否能勝任工作了。

三 Attainable——可以實現

如果主管不考慮員工的想法，以鐵腕強塞一項在某段時間內無法完成的任務，員工是缺乏動力的，也不可能高效完成任務。所以，在制定目標時，一定要把握目標的可實現性。目標設置要堅持員工參與、上下左右溝通，使擬定的工作目標在組織及個人之間達成一致，要制定跳起來「摘桃」的目標，而不是跳起來「摘星星」的目標。

四 Relevant——相關性

相關性也就是說實現此目標與其他目標的關聯情況。如果實現了這個目標，並不利於工作中其他目標的實現，那麼這個目標即使實現了，意義也不太大。

五 Time-bound——有時間限制

目標是有時間限制的，沒有時間限制的目標無法考核，也無法確定自己是否高效地完成了工作。所以，我們要擬定出完成目標項目的時間要求，定期跟進項目，及時掌握項目進展的變化情況，以便根據工作開展的異常情況及時地調整工作計劃。

總之，無論是制定個人的工作目標，還是團隊的績效目標，都必須符合上述原則，五個原則缺一不可。制定目標的過程也是提升個人工作質量的過程，達成目標的過程也就是對自己管理能力歷練和實踐的過程。

方法 16

善用行事曆和工作表

你是不是經常忘記甚麼時候該參加培訓，某個項目進展到甚麼階段，甚麼時候該開會，甚麼時候該和客戶會面，甚麼時間的飛機，週末定的甚麼時間的約會。或者，在忙碌的工作中你時常忘記家裏老人的生日，妻子的生日，孩子的生日。有時候，你還可能忘記別人交辦給你的事情，如要寫的企劃案，要交的工作報告，要提交的年終總結等。當繁忙的工作與瑣碎的生活混雜在一起時，你可能會覺得眼前一團糟，不知道該如何是好。那麼，你可以採用「行事曆」和「工作表」兩個工具，來幫你管理工作和生活中的大小事。

採用「行事曆」，你會感覺身邊彷彿多了一個經紀人，它會告訴你何時要開始做甚麼，何時要結束，何時有空閒的時間，何時有應酬等。你每天的行程安排，都能在「行事曆」中找到答案。

行事曆可分「日檢視」、「周檢視」、「月檢視」及「議程檢視」四部分：

- **日檢視**：檢查當天的工作是否已安排好，如果臨時要加入會議或事情，可以立即變動當天的日程安排。
- **周檢視**：你可以從忙碌的一周中找出空閒時間，安排自己的業餘活動。
- **月檢視**：你可以從一個月內找出哪天上午或下午有空。
- **議程檢視**：檢查自己的會議安排是否合理，是否需要調整。

一些節日假期，如國慶、端午節、農曆新年等，你可以專門用記號筆做出標記，這樣在翻看行事曆的時候就能一目了然。

除了行事曆外，另一個程式「工作表」也是用來管理你的日常工作的。行事曆顯示的是某一段時間，如幾點到幾點的會議，而「工作表」則代表一項任務或待辦事項的截止日期，如別人委託給你要完成的案件，要撰寫的企劃案，要交的工作彙報等，你可以通過查看「工作表」來衡量自己還有多長時間能夠完成指定的工作。你也可以在「工作表」中標明一項工作的重要性，如果是緊急重要的，那麼就要儘早去做。當你完成一件事後，就在這項事務後面打勾，代表這件事情已經完成了。

善用「行事曆」和「工作表」，你可以對每一項工作的時間支配情況進行檢查，這樣你就能在工作中做到心中有數，不必為該忙甚麼事務而擔憂了。當你不用擔憂任何事而全身心投入一項工作時，你的工作效率才能得到最大提升。

對照工作日誌向自己「開火」

阿里巴巴集團創始人馬雲説很多人不能成功的原因是「晚上想想千條路，早上起來走原路」，此話一語道破很多事情真相。當一個人為自己制訂了種種計劃，卻不去實施，不去用實際行動踐行，那麼這些計劃就是無用的。

既然不行動就無益於我們所制訂的一切計劃，那麼對於我們所制訂的計劃就一定要跟從、反思，如果你不願意花一點時間去考慮理想、信念與行動之間的關係，那將無異於你一面狂熱地追求某種事物，一面又不願意去做要達成目標所需要的準備工作。如果是這樣，你還抱怨甚麼呢？

自省，即審視與反思自我的動機和行為，是自我淨化靈魂的一種手段，是人格上的自我完善。高效能人士不僅為自己制定決策，他們還非常注重自我反省，每隔一段時間，他們會留給自己一些時間，專門用來思考目標完成的情況，他們最善於通過自省來了解自己。

總而言之，自省是對自我行動的一種檢視，只有注重自省的人才能不斷督促自己將做事的效率提升上來。

那麼，在平時的生活中，我們又該如何做到自省呢？

你可以利用晚上休息的時候自我反省。你可以拿出當天所做的工作日誌來，向自己「開火」，對自己的行為進行思考。

- 你當天的目標是否完成？完成到甚麼程度了？
- 幾點開始行動？能不能再早點開始任務？

- 在工作過程中，有沒有讓你分心以致無法完成目標的事情？
- 你完全投入工作，不受外界干擾的最長工作時間是多少？
- 你一天當中甚麼時段效率最高，甚麼時段效率最差？
- 你會在適當的時間做適當的事情嗎？
- 你會照着優先次序的書面計劃做事嗎？
- 你是否在處理不應該做的事？
- 做事的過程是否還能再簡化一些，有沒有更高效的可行辦法？

選擇你熱愛的工作

我們有一份穩定的工作，有不錯的收入，所以我們感到很滿足，我們覺得「歲月靜好，現世安穩」。但是，我們算不算成功人士呢？有一個標準可以來衡量 —— 我們現在從事的工作是不是自己的理想？

如果我們所做的工作並不是我們感興趣的，那麼我們也僅僅只是在為工作而努力，在這樣的工作中，我們自身的潛能很難被激發出來，更不用談工作效率了。也就是説，假如我們所從事的工作是自己感興趣並熱愛的，那麼我們在工作中將創造出更高的效能。因此，在設定職業目標之前，我們要先確定自己會選擇哪份職業。

有位哲學家説：「每個小男孩在決定如何度過一個假期時都是賭徒，因為他必須以他的日子作為賭注。」對於我們來説，我們選擇了甚麼樣的職業和工作，就等於在拿今後的日子做賭注，雖然擺在我們眼前的有無數條路，但只有一條路可選。我們需要做的就是降低在這場賭注中的危險性。而只有選擇我們所熱愛的工作，才能讓自己在今後的日子裏不再煩惱，不再低效。

喬布斯在大學中做了一個明智的決定 —— 退學，放棄自己並不感興趣的課程，轉而去學自己喜歡的美術字課程。雖然他所學的這些課程在現實中並沒有甚麼實際應用的可能，但十年之後，卻為他設計第一台電腦帶來了非常大的助益。

風俗畫畫家摩西奶奶熱愛繪畫，從 58 歲開始創作第一幅畫，到 101 歲畫完最後一幅畫，摩西奶奶在生命的最後 40 多年間總共畫了上千幅畫，如果不是對生活懷抱熱忱，對繪畫充滿熱愛，又怎能如此高效地創作出那麼多優秀的畫作呢！

有時候，一個人的幸運並不是他獲得了別人所不曾擁有的東西，而是他在很早的時候就找到了自己所鍾愛的東西。當一個人較早地找到了一生所愛，他就能更加投入地去做一件事，並在其中創造出高效的成果。

那麼到底該如何去發掘和找到自己的職業興趣呢？又如何取得職業上的成功呢？

一 思考自己有甚麼特長，並着重培養

很多人之所以覺得自己沒有甚麼特長，是因為他總喜歡拿自己的短處去和別人的長處對比；結果發覺自己不夠突出，就完全放棄了自己。其實，我們應該多關注自身，從自己眾多技能中，挖掘出一項自己最擅長的。只跟自身的技能和能力對比，發掘自己最擅長的然後重點培養它。

二 從別人口中得知自己的興趣

所謂「當局者迷，旁觀者清」，當你不知道到底該選甚麼樣的職業時，不妨去問問自己身邊最要好的朋友。你們朝夕相處，一定會對彼此有更多的了解。他們能夠站在最客觀的角度，發現你身上的特點，幫你找到你最感興趣的事物。所以，多問問幾個身邊的朋友，多做一些調查，你就清楚自己真正感興趣的是甚麼了。

此外，看看你在面對工作時，甚麼工作能讓你渾身充滿動力，感到精力充沛，有一股想要全身心投入的衝動。

找工作和談戀愛其實有異曲同工之處。有些工作，你在剛剛接觸的時候，也許並不感興趣，甚至有些厭惡；但不要輕易放棄，多深入了解，和這份工作磨合，也許慢慢你就會發現自己其實很喜歡這份工作，並且願意投身其中，那麼這份工作就是你所感興趣的。如果經過磨合還是不感興趣，這就證明，你對這份工作的興趣不大。

當你把握以上幾點去尋找工作時，你就能找出既喜歡又擅長的工作。如果你每天做着自己擅長的工作，不但效率更高，還會讓你在工作中感到快樂，更加接近成功。

當你每天所做的並不是自己喜歡做的事情，你會發現自己根本堅持不下去。單調、枯燥、乏味、煎熬會統統找上門來，讓你感到巨大的無聊將你包圍。所以，一定要做自己喜歡做的事，一步一步去享受它帶給你的人生體驗，在時光中「雕刻」自己，回頭看看，其實你的夢想正在慢慢實現。

Chapter 3

培養高效的思維方式

方法 19 將「不懂」的訊息裝入大腦，在無意識中進行整理

在工作中，不是每件事我們都能理解並做好，很多時候，即使我們努力摸索，也還是有搞不懂的地方。這個時候，你不必為自己的不懂而焦慮，因為每個人都有其不擅長的領域。

那麼，在開會或工作的時候，如果遇到這類難搞的問題該怎麼辦呢？我們給出的答案是，在「不懂」訊息的狀態下，暫且讓其沉睡。

工作中遇到需要分析並解決的問題時，我們會充分調動腦力進行思考；如果有「答案」，立刻調查後給出答案即可。但是，不是每個問題都會有很好的答案，有時候即使我們用力思考，還是無法給出很好的答案。這時候，很多人的做法是，立刻繳械投降，停止思考，選擇放棄。這樣做其實並不明智。

首先，對於「不懂」的問題，先將其裝進大腦，再等其慢慢成熟。

我們的大腦有個特性，那就是它會在無意識的狀態下整理訊息。大腦在整理訊息的同時也會不斷完善訊息欠缺的部分，從而塑造出整體形象。我們將大腦這個隱秘的功能稱為「自我組織化」。大腦不僅能作為訊息儲存庫儲存訊息，還能夠自動整理訊息、重組訊息，是優質的訊息整理庫。所以，我們將不懂的訊息裝入大腦，大腦就會在無意識中重組訊息。

生活中，你是否有這樣的感受？晚上絞盡腦汁思考策劃案，卻是甚麼也沒想出來，最後只能倒頭睡去。早上一起床卻發現，前一

天夜裏讓自己非常頭痛的問題竟然已經輕而易舉地解決了。是的，這就是大腦開啓自動整理功能後的效果。

因此，想要提升工作績效，你可以如下規劃自己一天的日程：

- **上午**：以輸出為中心開展工作。經過一夜修整，大腦處於清醒的狀態，邏輯思維能力強，因此盡量在上午完成寫企劃書、思維風暴以及做重要決策等工作。
- **下午**：基於上午思考的結果，開展實際工作。此時大腦吸收了大量訊息，進入混沌狀態，你可以做一些不需要深思熟慮就能輕鬆完成的工作，如收集資料、整理資料、修改文件等。
- **晚上**：以輸入訊息為主。大腦經過一天的消耗，在晚上很難再輸出訊息，因此要以輸入訊息為主。你可以看看書，將一些難做的事項輸入進來，大腦會在你睡覺的時候進行思考，幫你解決問題。

換個角度看問題，能讓你豁然開朗

1915年，茅台酒在巴拿馬萬國博覽會上勇奪金獎，與英國蘇格蘭威士忌、法國科涅克白蘭地並列為世界三大蒸餾白酒之一。據説博覽會開幕幾日後，名酒評選已快見分曉，但茅台酒不要説入選，就連嘗都沒被人嘗過。評委們早就被各國名酒的華麗外觀所吸引，哪裏顧得上土裏土氣的陶罐裝的茅台呢？此時參展的茅台酒廠代表深知，茅台酒雖然實力俱佳，但無人賞識，即使再自詡「酒中之王」也無濟於事，總不能眼睜睜看着大獎花落他家吧，這該如何是好？就在這時，一位代表急中生智，當即取出一瓶茅台酒來，猛然用勁將酒瓶摔碎在地。頃刻間，酒香四溢，人們紛紛上前拾起酒瓶碎片來聞，更覺幽香撲鼻。

濃郁的酒香令評委們大為驚嘆，他們爭相倒酒品嘗，交口稱讚，就這樣，茅台酒一舉奪得博覽會的金獎。

茅台酒奪冠的故事説明，生活中有些難題看似無法解決，但如果採用迂迴思維，不正面出擊，而從側面或反面出擊，便可柳暗花明。

通常情況下，習慣性思維頗能令人滿意，但是一遇到棘手事情時，習慣性思維會讓我們亂了分寸，一籌莫展。這時候，我們就需要發散思維，換個角度看問題。另闢蹊徑，快速解決問題。下面的幾種思維方法，可供大家借鑑：

一 反轉型思維法

遇到棘手問題難以解決時，我們可以從該問題所涉及事物的相反方向進行思考，找到新的構思。比如，我們可以從事物的結構、功能、因果關係等幾個方面進行思考。

二 轉換型思維法

在日常生活和工作中，當我們用原有的方法處理受阻時，不妨試着採用另一種手段，或轉換角度進行思考，找到新的能夠使問題順利解決的思維方法。

三 缺點逆用思維法

任何一種事物都有其優點和缺點，有時候，缺點並不是一件糟糕的事，我們可以利用事物的缺點，將其轉變為可利用的東西，化不利為有利，化被動為主動。

方法 21 用圖解整理思維的技巧

我們用大腦想事情，如果沒有可視的直觀形狀，常常無法得到要領。這時候，如果能將自己想到的東西畫出來，就很容易歸納出思考的內容。通過一些比較直觀的形狀將你意識到的東西勾勒出來，思維就容易轉動起來，這樣就能釐清事物的全貌。這就是我們要講的用圖解整理思維的技巧。

在圖解中，最常見的是四象限定位。你可以通過建立 X 軸、Y 軸的方式組建四個象限，然後根據不同的事情按照不同的辦法分類。

在營銷部門，人們為了簡明扼要地説明商品的定位，會經常將該圖解作為定位圖使用。他們會先組合兩個軸，然後按品牌分別定位認知方式，如用兩個軸分別表示消費者的認知方法和價格等內容，想辦法使商品的定位更加明朗。

如下圖所示：

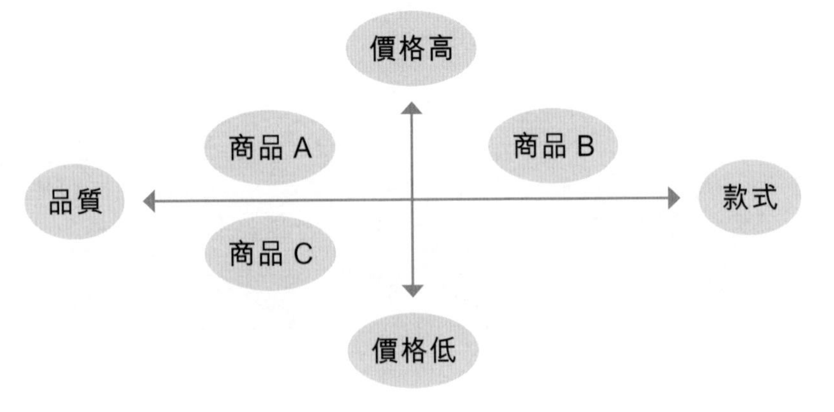

除了定位圖外，在經營戰略上，產品項目平衡管理技術圖（PPM）也非常出名。用這個圖可以直觀確定要在產品與業務方面投入多少人力、物力和財力。確定戰略方案一般需要考慮很多細節，制定過程是非常複雜的，而 PPM 則能用圖解的方式清晰地呈現出這些內容，方便人們高效地做出決定。

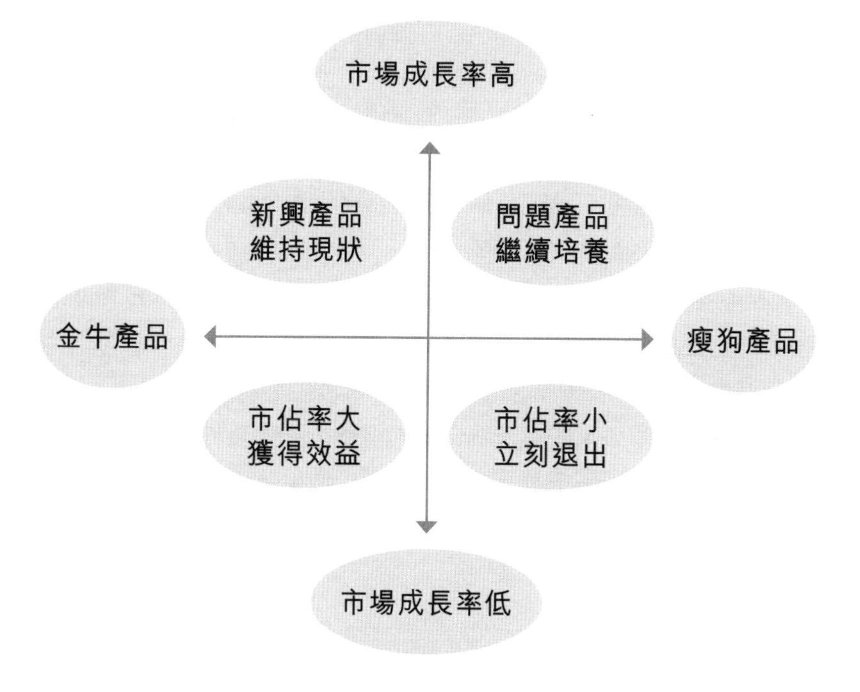

圖解的一個很明顯的優點就是，它能幫助我們發現漏洞。拿定位圖來說，它能讓你發現空白的部分，並從中發現商機。圖解的另一個優點就是，你可以忽略與主體無關的事情，更加簡單地思考問題。

利用前輩經驗，不做重複勞動

當今這個時代，訊息高度發達，我們要想獲得成就，就要學會站在巨人的肩膀上成就自我。在工作中，無論遇到甚麼問題，都要學會向前輩請教；因為你所不知道的事情可能從他們那裏得到更有效、更及時的幫助。他們的解答能為你節省很多時間和精力，讓你獲得更多的時間處理自己的事情。

向優秀者學習，學習的是他們優秀的學習方法和學習經驗。在學習的過程中，在與他們探討和交流思想的過程中，我們才能發現自身的不足，及時彌補自身缺陷，找到更好的提升自我的方式。

在公司中，如果能有一個自己的導師，真的是件幸運的事。如果沒有，就多在公司中尋找，主動向那些有能力、有實力的前輩請教問題。從他們那裏汲取一些業務上的經驗，既可以提高自己的工作效率，加快學習進步的速度，也可以讓自己受到他們的青睞，在工作中培養起好人緣。

另外，多向前輩請教問題還可以給我們帶來以下幾點好處：

一 尋找與自己當前觀點矛盾的經歷

我們可以主動尋找與自己的觀點不一致的經歷。它們可能存在於異域文化，也可能存在於那些與我們有不同想法的人那裏；總而言之，去找一些令我們短時間內無法接受的想法，從而刺激我們走向思維的另一面。

二 以旁觀者的眼光看思維的過程

把平常生活拋在腦後可以賦予我們這樣一種自由：從另一個角度看問題，觀察這個世界將帶給你一種思考自我的平和。靜靜地站一會兒，可以給你嘲笑自己所持的信念以及尋找一片新的空間的機會。

三 隨機化你的決策

思維慣性會影響我們的決策，因而，讓決策隨機化，就是以行動來干擾思維的慣性。不要總是去相同的餐廳吃相同的食物，與相同的人談天。我們可以積極地追尋新的經歷，以跳出生活圈的方式，來跳出思維的圈子。

培養及時發現問題的思維

我們知道，解決問題的基礎在於發現問題的存在，如果問題未被發現，那麼當事人也就沒有解決問題的必要，當然也不會採取行動。而如果問題在非常嚴重時才被發現，錯過了問題的最佳解決時間，那麼事情可能會變得糟糕起來。因此，如果一個人具備及時發現問題的思維能力，那麼他就能在問題初見端倪時及時將其解決，從而保證高質量、高效率地完成工作。

當我們每天在辦公流水線上忙得團團轉時，其實很難察覺問題的存在。所以，要想培養自己及時發現問題的思維，就要在平時養成觀察和分析問題的好習慣，這樣就能在初期階段、事態尚未擴大時發現問題。

也許會有人說，所謂的「問題」，就是別人提供給我們的，而不是我們自己找到的。其實不然，一個人的優秀之處，在於主動發現問題，解決問題。只有主動去做，一切才有可能。

解決問題的突破點在於發現問題。接下來，向大家介紹幾個具體的技巧，幫助大家事先發掘問題。在平時的工作中，如果經常問自己以下幾個問題，就將有助於發現問題：

- 當下的現狀與你所期待的狀況之間有無落差？
- 有沒有甚麼差異性狀況出現？
- 你是否感覺到哪個部分進展得不夠順利？
- 是否有任務沒有按時達標？

- 是否有一些意外情況並不是你原來期待的那樣？
- 若照此發展，未來是否會發生重大的不良狀態？

回答這些問題，有助於你辨識問題的類型：將來可能發生不良狀況的防範潛在型問題，恢復原狀型問題，或是超越現狀邁向理想的追求理想型問題。當你通過自問自查，能夠做出有效回答時，你基本上就擁有了對現狀的掌控力。這樣，你的工作也就能在平穩快速中進行。

發散思維頭腦風暴，讓問題得到更多答案

集思廣益是解決問題的一個很重要的方法。當問題不能在客戶、公司之間得到解決時，作為公司的管理者，你需要組織你的員工進行一番頭腦風暴。所謂眾人拾柴火焰高，利用眾人的智慧解決某個問題，似乎不失為一件不錯的解決問題的方式。

頭腦風暴對解決問題有以下幾種好處：

首先，在集體討論問題的過程中，新觀點不斷被提出，這些觀點不但可以成為建設性解決方案，還能引發他人的聯想，進而產生連鎖反應，形成更多的新觀點，為創造性地解決問題提供更多的可能。

其次，頭腦風暴能夠激發眾人的熱情。人們在不受限制的自由情況下，可以暢所欲言，也能夠在這樣的討論中相互感染，突破思維禁錮，最大限度地發揮創造性思維能力。

另外，人們都有爭強好勝的心理，都希望自己的觀點能夠被採納，於是在頭腦風暴中，人們的競爭意識也會促使自己不斷開動思維機器，力求釋放獨到見解。

要組織一場成功的頭腦風暴，你需要注意以下幾點：

一 組織形式

人員構成盡量多樣化一些，可以讓不同專業或不同崗位者共同參與進來。會議需要主持人一名，記錄員一名至兩名。主持人只負責主持會議，記錄員只負責記下會議期間產生的所有觀點和言論。

二 會議類型

可分為設想開發型會議和設想論證型會議兩類。開發型會議的重點是獲取大量設想，為課題尋找多種解題思路，對參與者的要求是：想像力豐富，口頭表達能力強。論證型會議的重點是將眾多設想歸納為實用型方案，對參與者的要求是：善於歸納和分析判斷。

三 會前準備工作

頭腦風暴前，你需要準備的是便利貼、鉛筆、白板筆和一塊乾淨的白板，記錄下你們在這場風暴中所有有意義的架構和建設。此外，你必須在踏入辦公室前把預先形成的所有印象或偏見擦掉，這樣才能不放過任何一個好的構思。

當然，會前組織者還要明確會議主題，確保每個參與者的發散思維能夠作用於主題。會前還可進行柔性訓練，對缺乏創新鍛煉者進行打破常規思維，激發創新思維的熱身訓練。

在頭腦風暴的過程中，主持人的發言能夠起到激發參與者創造性思維靈感的作用；所以，主持人應懂得各種創造性思維和技法，激發參與者思考問題。另外，主持人還要在適當的時候以賞識激勵的語句和微笑點頭的肢體語言，鼓勵與會者多多發散思維，提出不同的設想。

頭腦風暴中可帶來收益的技巧

頭腦風暴要求不同能力、不同職稱的人都參與進來。從高層的合夥人和管理者到初級的普通員工，都可以充分發揮個人才華，沒有誰能保證，前者總能比後者有更好的主意。但是，參與者能否在頭腦風暴中充分發揮個人能力，講出自己的觀點呢？這就需要會議組織者把握以下幾項「準則」：

 禁止批評或評論

即使在你看來，別人提出的觀點是幼稚的、錯誤的，甚至是荒誕離奇的，都不要批評或評判，也不要阻攔和駁斥。你需要對任何人提出的任何觀點保持足夠寬容。只有這樣，參與者才會積極主動思考並大膽地提出自己的創造性想法。

 與會人員一律平等

在工作中，雖然每個人都在不同的崗位上擔任着不同的職責，但在頭腦風暴中，要忽視每個人自身的職位。與會人員，不論是該領域的專家、學者，還是普通員工或者其他領域的外行，一律平等。對於頭腦風暴中的各種設想，不論大小，不管平庸或荒誕，都要認真地將其完整記錄下來。

三 主張獨立思考

在頭腦風暴中，不允許私下交談，要保證每個人都有獨立的想法。提倡任意想像、盡量發揮，主意越新、越怪越好，因為它能啓發他人推導出好的觀念。

四 不強調個人的成績

創造民主環境，不因多數人的意見否定少數人的觀點，保證每個人都能暢所欲言，肯定每位參與者的價值。

五 目標集中，追求設想數量

會議以謀取設想的數量為目標，鼓勵大家多設想，多多益善。

六 知道適可而止

頭腦風暴要花費時間，但並不是越多越好。通常一場頭腦風暴的時間控制在一個至兩個小時為最佳。兩個小時以後，討論氣氛就會減弱，這時候大家的工作效率也會降低，所以最好在團隊疲憊之前喊停。

七 好記性不如爛筆頭

存在於人頭腦中的東西總是容易被遺忘，如果想要那些閃念而過的靈感不消失殆盡，就一定要在會議室結束前留下有關討論結果的永久性記錄。

利用辦公室物品，提升工作效率

人的靈感與想法常常是在不經意間產生的；有時候，我們越絞盡腦汁想要想出一些好的想法，就越毫無新意。但當我們不硬着頭皮去琢磨的時候，一些好的創意反而會在某時某刻誕生。

所以，在平時的生活中，我們要學會想一些辦法，留住這些靈感。

一 便利貼

給辦公室的每個人發一份便利貼，這個便利貼專門用來記錄自己平時的點滴想法。這是一個迅速生成許多好主意的方法。

二 翻頁掛圖練習

在辦公室裏放幾張翻頁掛圖，每一個都用不同類別或問題做標記。團隊成員在休息時，常常會從掛圖前走過，可以在適當的翻頁掛圖上寫下自己的觀點。

三 打造共享多樣的辦公室環境

一個好的工作環境不僅要保證員工的獨立空間，還要保證與他人之間的溝通協作。好的工作環境要支持工作模式間的轉換，如下所示：

我（獨佔）：當你獨立完成某項工作或構思方案、閱讀文件資料時，一定不想受到外界干擾。這時，你需要一個專屬的空間，讓自己更加專注於個人工作。

我（分享）：當你需要與同事合作完成一件事，或者需要會議討論時，你要發表自己的想法，並與其他成員充分交流；這時，你需要一個可以促進團隊合作的會議空間，幫助你更有效地工作。

我們（獨佔）：團隊成員需要進行集體學習或企業培訓，以提升業務能力時，需要佔用培訓室，並且和他人分享，這樣學習過程才會更高效。

我們（分享）：這是一個社交過程，同時也是一個知識互換過程。重要的訊息在於分享，當你們與他人分享訊息時，無形中也拉近了彼此的距離，激發了彼此的創新靈感，讓溝通變得更加輕鬆順暢。

總之，一個高效的辦公場所既能為員工安排好固定的辦公區域，又能為其移動辦公設置可以共享的「流動辦公區域」，為個人和團隊辦公提供多種區域，提升辦公效率。

簡化思維，一切可以更簡單

古希臘南部有個王國叫拉哥尼亞。公元前 4 世紀，強大的馬其頓王國的國王腓力二世向拉哥尼亞發起猛攻，並給被圍困的拉哥尼亞國國王發了一封信件，上寫：假如我們攻佔城池，必將把它夷為平地。但是，從容的拉哥尼亞國王只回了一個詞：假如。拉哥尼亞人一向以説話簡潔著稱，即使在緊要關頭，他們也不肯多説一個字。於是，後人便將這種簡潔思維稱為「拉哥尼亞思維」。

「拉哥尼亞思維」認為，簡練才是真正的豐富，簡單的東西具有想像空間。許多富有智慧的東西往往並沒有多麼複雜，因為複雜了就容易擾亂人的心智，只有簡潔才能裝點人的靈魂。

在工作中，簡潔能提升效率，能讓複雜問題變得容易，所以我們在工作中也要力求將簡潔做到極致。

簡化工作一般可分為以下幾個步驟：

- 檢查你的電郵，每天一次。如果每天多次檢查電郵或社交媒體帳號，往往會耗費很多時間，所以盡量簡化工作，將所有事情集中處理。
- 盡量用簡短的話寫電郵，如果可以，將你的電郵縮減至 1~5 句話，對一些儲存在你電郵中的普通問題，可以預設回覆，這樣可以盡量為你節省更多的時間。

- 在靜音區工作。工作之前，將手機調為靜音。如果可以，斷掉網絡，讓自己不受任何打擾。
- 考慮全盤工作情況，根據具體情況適當取消一些無用的工作，對各項作業進行合並、重排或簡化，以便找出最好的工作方法。
- 每天問自己，工作是否足夠簡潔，是否還需要整合，是否將事情簡單到極致了。
- 求助。一些不明白的問題，要多向周圍同事或上司求助。學會利用身邊的資源，能讓一些看似複雜的問題簡單化，讓自身的壓力得到緩解。
- 有意識地維持工作與生活的平衡，設定每天的工作時間，盡量避免在週日工作。這樣你將有更少的壓力和更多的精力來做好你的工作，同時享有高質量的私人生活。

方法 28

細節思維，關鍵時刻以細節取勝

傑出的職場人士往往注意培養自己在細節上的專注力，他們明白只有細節做好了才不容易出錯；只要不出錯，工作效率就能得到提升，就更容易取勝。

細微之處見精神。做好那些微小的細節，雖然不能很快為你帶來巨大的收益，但能在潛移默化中產生作用。在工作中，有些事務看似簡單卻不輕鬆，如何在例行工作中提高效率，杜絕失誤是值得我們深思的問題。這就要求我們在工作中既要膽大，又要心細。

那麼，如何在平時的工作中做到以細節取勝呢？你需要做好以下幾點：

一 了解自己的短處

我們首先要了解自己的短處，知其不足而後改之。如果我們明明了解自身的短處，卻不加以重視，不去修正，終有一天，它會成為腳下的羈絆，阻礙你獲得成功。

二 在小事中培養良好的習慣

英國作家薩克萊説：「播種行為，可以收穫習慣；播種習慣，可以收穫性格；播種性格，可以收穫命運。」習慣與命運有着某種不可割裂的聯繫：不良的習慣會阻擋你走向成才、成事和成功的路途，而良好的習慣則能改變我們的人生，一旦養成，便可受益終身。

所以，在最開始的時候，職場人士一定要培養自己良好的工作習慣，對於上司交代的事情，即使是小事，也要力求完美，做到最好，久而久之你會發現，這些在前期培養起來的良好習慣能使你在未來的工作中受益良多。如果一開始沒能培養起好的工作習慣，時間一長，很多弊病都會表現出來；如拖沓、缺乏執行力、工作不認真……慢慢地，我們就會毀在自己的不良習慣上。

三 對待上級謹慎而不拘謹

面對上司交辦的任務，可以謹慎，三思而後行，但不必過於拘謹。在工作中，重視細節的人在彙報工作時思路清晰，言語簡練，能夠幹淨利落地完成主管交辦的工作，且在細節上不出錯。

四 自信但不自負

有些人在工作中一旦取得了些許進步就自傲自大，從而表現得目中無人，這是非常不利於個人發展的。時間一長，他的惡習會讓周圍的同事和主管對他產生一些看法。所以，職場人士對待基層工作一定要細緻認真，不得馬虎。只有這樣，才能取得他人的信任，從而有助於個人能力的提升。

五 學會「從大到小」的工作模式

對細節的把握也表現在對全域的把控上。要想提升效率，首先要有全域觀念，在做事時不能喧賓奪主，主次不分。在工作中，要學會領會整個工作意圖，從大處着眼，審時度勢，合理安排，不能就事論事，斷章取義，從而違背整個工作的初衷。當然，在通觀全域時還要注意工作的細節，做到事無鉅細。

Chapter 4

堅持要事第一的原則

方法 29 先做最重要的事情

馬克・弗斯特是《誰説重要的事不能明天做》的作者，他説：「工作者通常只會用現在做和等一下做來區分事務。只是在很多情況下，你現在做的工作未必是最重要的事；被你放着等一下做的工作，很可能正是最重要的事，卻被無限期延後了。」

弗斯特建議人們丟掉這樣的二分法，用「當下」、「當天」及「明天」這三種時間性，來劃分事務的處理順序。

當下立即要去做的事情。這個意思就是需要你放下自己手中的事情，馬上去做的事情。

當天就要做完的事情。當天的意思是説，需要你在那一天把這個事務完成，但是並不需要你馬上去做。

明天以後再去做的事情。我們每一天都面對着那麼多干擾因素，除非有非做不可的理由。比如，現在你不去做，明天就不用去上班了。否則就應該把這件事看成明天處理也行的事情。

史蒂芬・柯維被稱為「人類潛能的導師」，他説：「世界上最不幸的事，堅持要事第一的原則就是你生命中重要的事情，總被推到後面的位置。」因此，他給很多人的建議是：試着把自己的目光從「具體的時鐘」移開，擺脱有形時間的局限，轉而運用「心理羅盤」。明確事情的重要性，再決定它是不是你現在該做的當務之急，不讓突入而來的時間，輕易把你的計劃全盤打亂。

彼得・杜拉克是《卓有成效的管理者》的作者，他針對管理者怎麼找出最重要的事情，提供了一些建議：

管理者應把時間、精力和才智投入補救或擺脱以往缺乏生產力的做法，有規律地檢討自己的工作計劃以及同事的工作計劃，應常常問自己：「如果不是已經在做這件事，我們現在還會不會這樣做？」如果答案是「不會」，那就應該立即停止或大幅減少這項活動。

管理者決定自己甚麼事情可以稍後處理。杜拉克認為，要決定甚麼事情需要優先處理其實很容易；因為在時間壓力下，很多人都會選擇先做看似急迫的事。然而，這麼做將導致管理者永遠在解決昨日的危機，而非為明日開創新局；並且勢必會犧牲許多重要事務，因為重要的事很耗時，也永遠可以慢一點再做。

因此，關於怎麼來分清事情的輕重緩急，杜拉克說：「真正重要的不是明智的分析，而是管理者有沒有勇氣。選擇未來，而不是過去；着眼於機會，而不是問題；選擇自己的方向，而不是隨波逐流；拉高企圖，把目標放在能真正發揮影響、帶來改變的事情上，而不是很容易達成的安穩目標。」

方法30 最先做你最不願意做的事情

阿成是一位設計師，對於阿成來說，他最厭煩的工作就是數據分析。但是他的工作又必須接觸這些，在了解了產品的時候，總會有一些數據要分析，比如說市場佔有率等數據分析。只有分析了這些數據他才能了解客户需要甚麼，才能找到產品吸引人的地方，之後再做出好的方案。所以，遇到數據分析的工作，他總是拖很久。

阿成也發現在工作中還有很多人有這樣的問題，比如阿明，他不喜歡給客戶打電話，他經常自己在記錄本上寫很多東西，但就是不願意去打電話。打電話的頻率低，那麼其業績也肯定不高。行政部的助理阿威最不喜歡統計每個月的考勤，他覺得這件事情很費時間和力氣，所以每一次的考勤報表他都是拖到快要發工資的時候才去做。

身在職場再不喜歡的事情也要硬着頭皮去做，因為這是逃避不了的問題。馬克・吐溫說：「每一天早上先把最惱人、最討厭、最大的事情解決掉，這樣一天之中你就不再需要為那件事情煩惱了。我們常常會有鴕鳥心態，把惱人的事情留在後面處理，但這樣反而會讓我們無法專注處理其他事情。」

其實，大多時候，那些令自己厭惡的事情一般是最有用的事情。對於阿成來說，了解客戶的需要，抓住市場的痛點，這對於一個設計人員來說很重要；而對業務員阿明來說，只有多打電話和客戶溝通，才有可能拿到訂單。人這一輩子最大的敵人不是別人，而是自己，妨礙成功的是自己的各種不良習慣，而這些不好的習慣大都來自心中的「舒適區」。要改掉自己拖延的習慣，那就要每天首先去做自己不喜歡的事情。

馬克・吐溫也說：「每天去做一點自己心裏並不願意做的事情，這樣你便不會為那些真正需要你完成的義務而感到痛苦，這就是養成自覺習慣的黃金定律。」也就是說，一個人想要改掉自己的不良習慣，那就不要一直沉溺於自己的「舒適區」，但這對很多人來說都是一件很難的事。

阿成並不喜歡數字，但他可以逼着自己以玩數獨遊戲的方式去看一些財經的報道，主動去做一些數據分析，慢慢消掉自己對數據的抵觸情緒；過不了多久，他就會發現自己在做數據的時候，沒有以前那麼沒耐心了。他也會習慣首先去做一些數據分析，因為做完這件事情之後，剩下的事情就是自己喜歡的了，這樣心理上就會感到輕鬆，拖延的情況也會好很多。

這看來，遠離自己的「舒適區」並不是那麼困難，只是在剛開始的時候會有一些不容易。不因為自己心理上的厭惡而拖延工作，這也是人生中一項重要的自我修養。

一次性解決事情，不寄希望於以後

「人非聖賢，孰能無過。」要一點錯都不犯是不太可能的；但是我們也可以發現，在工作中絕大多數的錯誤是可以避免的。人犯錯誤的根本原因，不是沒有不犯錯的能力，而是沒有不去犯錯的態度。

很多人都有這樣的經歷，工作越忙越亂，解決了舊問題，新問題又產生了。由於慌亂而產生新的錯誤，結果越忙越亂，這不僅讓自己忙，還會讓身邊的人跟着忙，最終造成了人力和物力的浪費。要想在工作之中避免這種「忙亂症」，第一次把事情做對是最好的辦法。

執行力的高低決定着競爭力的強弱。也影響着企業的生存和發展。因此，要想讓自己成為高效的人就要「第一次就做對」。「對」是戰略目標，「做」是執行，「第一次」是效率。

我們每一個人在工作之中都應該檢討自己的工作，因為第一次沒有把事情做對，就會給企業造成巨大的損失。第一次就做對必定創造財富。忙於解決問題一定會讓你破產，企業之中每個人的目標都應該是第一次就把事情做對。

管理思想家克勞士比提出過一個「零缺陷」理論，它的精髓就是：第一次就把事情做對。那麼應該怎麼去做呢？克勞士比提出了四大核心理念：

- 確定工作目的：為了滿足客戶的要求而工作，而不是為了自己的主觀意願而工作。
- 建立一次就做對的基本準則：不要凡事追求差不多，要努力做好。
- 消除達成這一準則的障礙：消滅工作中的重做環節，特別是思想上不要存在這樣的想法。
- 努力工作：你認真執行和努力付出，會換來高額的回報。

其實，生活就是這樣，當你不為自己找任何藉口，一次就把事情做到最好，那就不會再有其他的小麻煩，你的情緒也不會因此受到影響，進而提高效率。

怎麼擊退職業倦怠感

在生活中，總有一些朋友會抱怨自己的工作越來越不好做，自己沒有幹勁，只是憑着慣性在工作。這些人之中有工作好幾年的職場精英，也有剛剛進入職場的新人。對於前者來説，他們所產生的職業倦怠可能是因為自己低水平地重複着工作，而對於剛剛入職的新人來説，主要的原因是對現階段的職業抱有過高的預期。

職業倦怠大概有以下幾個方面：

第一，工作環境不佳。環境對人的身體和心理有很大影響，長時間在高溫、嘈雜、強光的環境之中辦公，會出現視覺疲勞、頭痛、肩頸痛等問題。身體不舒適、心理上肯定會受到影響，做事情的效率就會降低。自己的心靜不下來，怎麼能有效率地完成工作呢？這樣循環下去，之後一定會厭惡自己的工作。

那麼遇到這樣的情況應該怎麼辦呢？每一種工作的性質不一樣，因此需要注意的事情也不一樣。對於久坐辦公室的人來説，頸椎、視力、腰椎最容易出現問題，所以要多做運動，同時不要讓自己的眼睛太累。對於服務行業的人來説，他們也許需要長久站立，這個時候他們應該選擇舒適的鞋子，多注意保護自己的腿。身體是革命的本錢，只有保護好自己身體才能好好工作。

第二，精神壓力大。大腦長時間高度緊張，得不到充足的休息，就會感到疲憊不堪，會出現失眠、抑鬱等症狀。很多銷售工作者，每一個月都要完成一定數量的業績，如果達不到業績，他們就沒有佣金可拿。為了能夠拿到報酬，很多人都會選擇加班，時間長了，很容易出現職業倦怠。

對於這樣的問題，最好的辦法就是從轉變對工作的認識開始，不要把工作當成生活的全部。工作和生活要區分開，上班時間專心做事，不要總想着下班後加班。休息的時候要徹底放鬆，不要佔用生活時間來工作。這樣才能讓工作和生活達到平衡。

第三，人際關係不好。如果一個人在公司沒有辦法和同事愉快相處，反而互相勾心鬥角，我們就會沒有辦法安心工作，對工作也就慢慢地沒有熱情了。

在職場中，做好我們的本職工作是第一位，但也要重視人際關係。首先問問自己，是不是同事真的為難你了？還是你自己內心看不慣人家？有時候站在他人的角度看待問題，結果就會不一樣。要想改善自己的人際關係，要從改變自己開始。

第四，缺少合適的平台。很多人在公司覺得沒有展現自我的平台，也體會不到工作帶來的成就感，自己的工作效率慢慢地也就不高了。

我們要清楚自己在工作中的作用，想想自己是否在工作中盡全力了。公司規模的大小和晉升空間不是絕對成正比的。不管做甚麼工作，你首先要有好的業績，這樣才會被別人發現。如果我們本身非常不喜歡自己的工作，那不如換一份工作看看。

方法 33

確認自己的角色，在工作和家庭中保持平衡

在工作和家庭之中我們都扮演着自己的角色，但是有的時候我們會把工作中的情緒帶進家裏，有的時候也會把家裏的情緒帶進工作中。因此我們要在工作和家庭之間保持平衡。女性不僅要顧及家庭，還要上班，那麼女性應該怎樣在工作和家庭之間保持平衡？

一 再要強的女性也不要做完美主義者

職場女性在主觀上一般存在完美主義傾向，不僅想做一個好母親、好妻子，把家裏的家務做好，還想在事業上做到最好。但現實是不可能十全十美的。既想有好的事業，又想成為賢妻良母，是很難做到的。當自己的期望達不到的時候，就會產生壓力，所以降低期望，降低目標，做到平衡就好。

二 職場女性完善性格

對於很多職業女性來説，她們在工作上取得成功肯定是投入了自己很多的時間和精力；而一個人的時間和精力是有限的，如果在事業上投入過多，那麼她在家的時間肯定會相應減少。在工作中，一般要求女性果斷、理性、講究效率等，但如果把這些帶進家裏是不行的。家庭需要愛和感情，所以在家裏女性應該更感性，家不是講理的地方，而是重情的地方，在家庭中要多一點包容，多一點溫柔，這樣的家才會溫馨。

這也就是説，在工作之中要求女子表現出自己性格中剛強的一

面，而在生活中，需要的是女子柔弱的一面。因此，做到獨立又保持自己的女人味，對於一個女人來説需要更多的智慧和生活經驗。

三 溝通的重要性

著名心理學家曾經説：「經過多年共同生活，夫妻倆往往會越來越相似，這樣會增加親情，而減少相互之間的吸引力。因此，如果要保持持久的吸引力，首先就要注意適當地保持自己的個性、獨特性、差異性。其次要做到夫妻平等，這樣才能讓每個人保持較好的獨立性和自主性。如果夫妻之間不平等，只要一個人説出甚麼觀點，就會遭到另一個人的批評或否定，被批評者就會越來越少去主動表達自己的想法和情感，夫妻間的矛盾衝突似乎是減少了，可同時兩個人的心也會越來越遠，也就喪失了吸引力。所以，夫妻之間要平等尊重，要有勇氣表達自己的思想和觀點。當對方表達的時候，我們要注意耐心傾聽，而不是着急打斷，更不能覺得自己已經理解了對方的意思而不讓對方説出自己的想法和感受。此外，獨立性是夫妻相愛的重要基礎。以獨立為基礎，然後才能有相互的溝通和理解，失去了各自的獨立性，也就失去了愛情。」

四 懂得人生的取捨

人生的旅途中，我們不斷進行取捨，取是一種本事，捨是一種哲學。得到的時候必有失去，而放棄的時候也會有所得。人在出生的時候，應該盡量取得知識，只有這樣才會成長。長大之後就開始取捨，有所取有所捨，有捨才有得。任何事情都有它的兩面性，因此在做出選擇的時候要問清楚自己想要甚麼。選擇的時候，沒有對錯，但選擇本身就是一種智慧。

方法34 按照承諾和約定去做一件事

人生在世會遇到很多事情，也會結交很多人，有的人是因為你們共同經歷了某件事情而結交，也有的人是因為和你共同經歷了某件事情而絕交。事情並沒有甚麼大問題，不能將兩個人是否能夠結交全然歸結在這件事情上，而應歸結在雙方共同處理這件事情的態度上。大多數絕交的情況是出於其中一方不嚴謹的態度，承諾好的事情，給了對方期待，最後卻因為遭受了重重困難而沒有達成，那些輕易給出的承諾，最後變成了一紙空話，令共事的人懷疑你的人品和誠信度。如果在工作之中不信守承諾就會影響團隊的情緒，讓團隊的工作效率下降。

如果一個人輕易許下承諾，卻不去履行它，就會受到人們的攻擊和厭惡。世上之人最厭惡的大都是那些不守信用的人，因為這類人做的事往往不可靠。本來人們對他寄予了厚望，但最後他卻失信於人，讓人們大失所望。

所以，我們在與人交往時，最好管住自己的嘴巴，不要輕易向人許諾。在做出承諾時，要充分考慮到期間可能出現的各種麻煩和不能實現的可能性。不要將話說得太過絕對，讓對方事先有所準備，一旦未能兑現承諾，也不至於失信於人。

很多人都崇拜李嘉誠，他從一個貧賤的學徒成為華人首富的奮鬥歷程是勵志的經典案例。在中國香港地區的商人圈中，流傳着一個説法：只要和李嘉誠簽訂合同，就不用擔心合同執行的問題。李嘉誠就是靠這樣的信譽在商圈中成長起來。誠招天下客，利從譽中來。只有遵守承諾，把誠信經營進行到底，才能贏得客戶，贏得市場，才能在最短的時間內有所收穫，才能讓自己的企業長盛不衰。

哲學家威廉·詹姆士說：「如果你能夠使別人樂意與你合作，不論做甚麼事情，你都可以無往不勝。」唯有以誠待人的人，會因為合作而獲得更大的力量，這種力量會讓你做事更有效率，爭取更大的成功。

對結果承擔責任

有一天，主人把貨物分成兩份，平均分給了驢和騾子。驢看到自己揹的東西和騾子一樣多就很不高興地說：「主人給騾子吃的東西比給我吃的東西多一倍，卻讓我和它揹一樣重的貨物。」走了一段路之後，驢走不動了，主人就把驢身上的一部分貨物轉移到騾子背上。在走了一段路之後，驢子又沒有精神了。主人又轉移了一部分貨物。最後驢子身上沒有貨物了。這個時候騾子瞪着驢說：「你現在還會覺得我吃的東西多嗎？」

生活中，每個人都有自己的能力，也有自己的責任，推卸自己的責任，就是對自己能力的否定，是一種懦弱的行為。人要勇於承擔責任，具有責任感的人才會受到別人的尊重。

對於那些工作沒有責任感的員工來說，他們一般都缺少把事情做好的恆心和毅力。這些人一般不知道怎麼訓練自己的個性，也達不到自己的目標。

責任分很多種，有些是強加給你的，如上級主管的安排，朋友的囑託，妻子的牽掛等。這個時候我們就要在適當的時候扮演一個適當的角色，在主管面前我們是員工，在朋友面前我們是手足，在妻子面前我們是頂天立地的男人。在扮演這些生活必需的角色時，我們還要扛起那一份屬我們的責任，對主管盡心盡力，對朋友兩肋插刀，對妻子關愛有加。人的一生很難一帆風順，我們不能因為一點挫折，就辜負了人們的厚望。

每個人都要承擔自己背負着的責任，如果一個人連自己最基本的責任都不願意承擔，他以後會有甚麼出息嗎？當我們盡力去做一件事情的時候，即使完成不了，我們也應該對它承擔責任。在這個紙醉金迷的社會，我們雖然不能改變甚麼，但也要擔起那一份屬我們的責任。

在工作之中敬業精神最直接的表現就是：做一行，愛一行，對工作一心一意，也只有這樣才能脫穎而出。一個有着這樣的敬業精神的人，即使他現在很平凡、很普通，將來也會成為優秀的人才。

做事情之前要做好準備

曾經有這樣一個故事：有一個獵人去打獵，別人勸他把自己的槍裝上子彈再去打獵的地方找獵物。他不聽，說：「打獵的地方還遠着呢，到那個時候再裝也來得及。」走着走着，他發現水面上浮着一大群野鴨，他慌忙裝子彈，鴨子們聽到了響聲就飛走了。很多人都覺得這個故事是說一個人不聽別人勸阻的故事，其實同時它也說明了機會總是留給那些有準備的人。

凡事預則立，不預則廢。這說的是防患於未然的重要性。如果我們在做任何事情之前，都能用長遠的目光看問題，及早發現問題並解決問題，那麼我們就能收到事半功倍的效果，否則只會事倍功半。

古代名醫扁鵲有兩個哥哥，他們兄弟三人都是醫生。有人問扁鵲：「你們三個人之中誰的醫術最高啊？」扁鵲回答說：「大哥的醫術最高，二哥次之，我的醫術最差。」他為甚麼這樣回答呢？原來，他的大哥懂得怎麼預防疾病，那些和他接觸過的人都很少生病，所以扁鵲說大哥醫術最高；他的二哥所到的地方，不管人們患有甚麼病，他都能治好，所以扁鵲說二哥醫術次之；而當人們病入膏肓的時候，扁鵲把他們從死神手中救回來，所以他說自己的醫術最差。從扁鵲的回答之中可以看出，預防勝於治療，如果我們能把問題消滅在萌芽之中，那麼我們做事就會事半功倍。

在現代的生活中，防患於未然的例子隨處可見。比如，剛出生的小孩打預防針，來預防各種疾病；出門前如果碰上天氣不好，我們就會帶上雨傘；現在越來越多的樓房具有防震能力，預防地震的發生，諸如此類的例子不勝枚舉。只要你是一個有心人，你總會看到防患於未然的例子。

在生活中，做事要有計劃，不急於求成，這是一個人非常重要的為人處世方式，甚至與人生的成功相連，要正確認識這一習慣的意義。此外，我們在生活和學習之中要有意識地去培養這種習慣。

不管做甚麼事情，也不管面對甚麼樣的情況，我們都要事前做好充分的準備。要知道只有在做好準備的前提下，我們做事才會有效率。如果一個人在自己甚麼都沒有準備好的情況下就去做事情，那麼他成功的概率也不大，甚至會有糟糕的事情發生。

中國著名鋼琴家郎朗在自傳裏説，他剛開始走在鋼琴職業道路上的時候，只不過是一名不起眼的替補，而且還是第七替補，這就意味着，只有演奏家和前面六位鋼琴師病倒的時候，他才有機會上場表演，這種事發生的概率幾乎為零。但是他並沒有因此放棄，依然沒日沒夜地練習鋼琴，他的認真打動了一位著名的演奏家，於是他把郎朗提升到了第一替補的位置。終於有一天他有機會登上了演奏台，一曲彈奏完畢，全場觀眾起立為他鼓掌，這讓他一炮而紅，現在他已經成為中國著名的鋼琴家。如果當時他因為「第七替補」不高興，放棄了自己的鋼琴生涯，那麼他到今天依然是一個替補。

善抓機遇，爭取主動

蘇格蘭國王亞歷山大攻下了敵人的一座城市後，有人問他說：「如果有機會，你會不會把第二座城市攻佔下來？」

他聽完之後生氣地說：「甚麼？我並不需要機會，我自己可以創造機會。」

社會學教授周孝正説過：「這是一個處處充滿風險的社會，大到國際、國家的，小到個人的。」在當下充滿競爭和風險的社會，只有直面競爭，看清當下的局勢，認識到越接近風險就是越接近成功，才能夠在機遇到來時及時地把握機遇，並且走向成功的道路。一個人如果沒有勇敢的精神，那麼他已經和成功失之交臂了。

機遇不可能沒有來由地從天而降，機遇也不會像路標一樣，就在前面等着你，機遇具有隱蔽性，它是隱藏着的；機遇也具有潛在性，它等待被人開發；機遇也具有選擇性，它只眷顧那些先行動的人。因此，機遇很難等來，要靠自己主動爭取。

在生活中有的人機遇很多，這是為甚麼呢？從他們的行動之中可以看出，他們有自己接近機遇的機會，也有創造機會的辦法。為了讓你有更加美好的人生，以下幾種方法可以借鑑：

一 要努力表現出自己的能力

要我在生活中一直在說機會，那麼甚麼是機會呢？機會就是給自己的才華安裝了聚光燈。這就是說要想有機會，只靠才能是不夠的，還要把自己的才能展現出來，讓上司和身邊的人知道。

二 機會來臨的時候，要快刀斬亂麻

有一些人，在平時沒有主動挑戰的精神，當機會來臨又猶豫不決，不知道自己該不該接受。由於他一直在患得患失之中，於是機會就悄悄溜走了。因此，我們在平時就要養成挑戰的習慣。在機會面前，當仁不讓。

三 做一件事情的時候要比別人早一點

好的開始是成功的一半，但很多人都沒有一個好的開始。好的開始一般來自充分的準備和詳細的計劃，而這些來自前瞻性的思考。做事情的時候比別人早一點，就會比別人更迅速地知道未來的動態，這就是那些高效率人士做事高效的原因，也是他們的思維方式。

四 敢於冒險，來加大自己的機會

想要抓住機會，就要有一點冒險精神。機會一般都有風險，要是我們不敢冒險，就會喪失很多機會。我們在精力充沛的時候，要敢於冒險，多為自己的人生增添色彩。當然這並不是說，敢於冒險的人肯定會成功，但是那些不敢冒險的人肯定會失去很多機會。

五 不怕別人的嘲諷

有時候在工作之中，我們想提出一些意見，但是始終沒有提出來，這是因為我們害怕別人說三道四，害怕別人諷刺挖苦，於是自己就打退堂鼓了。人人都想得到別人的支持和歡迎，這是肯定的，但是也應該問自己，甚麼樣的人會支持你，是那些嫉妒你的人還是那些想要進步的人？

六 做一個有創新精神的人

你覺得一件事情應該做的時候就去做；當你覺得公司應該開發新的產品，你就應該主動提出來。主動的人也許在剛開始的時候單槍匹馬，但是只要你的想法積極可取，不久就會有很多人支持。

Chapter 5

工作效率是整理出來的

方法 38

終止混亂，建立高效的文件系統

不管搜索多麼方便，畢竟還是要經過「輸入關鍵詞」、「搜索」、「設定文件目標」等幾個步驟，如果能更加方便地找到自己想要的文件，不是更好嗎？因此我們需要學會如何設置文件夾，並且對文件夾進行再分類，那些傳統的電腦內保存文件的方法依然很適用。

但是，在工作中你最好不要把文件分類過細。有人把文件夾設了一層又一層，層層分類管理細緻，他們這樣做反而有弊端。因為當他們想放文件的時候，一般會產生疑惑，如「這個文件是甚麼類型呢？應該放在哪一個文件夾好呢？」文件分得越細，自己的疑惑也就越多，這個時候有一些人就會把過多的時間花在糾結上。

在工作之中，我們只要對文件進行大致分類就可以了，能夠把文件粗略放進去就夠了。以下的做法可以給你提供參考：

- 設置一個名字為「工作」的文件夾，把所有和工作有關的文件都放進去。
- 「工作」文件夾下按照不同的公司和領域再設置一個「大分類文件夾」。
- 「大分類文件夾」下再按照不同的項目進一步設置「小分類文件夾」。
- 你只需要把文件夾分為這三個層次，你電腦裏的所有文件就會被有效地管理起來了。

一般來説，我們正要處理的文件數量並不是很多，只需要把按項目分的文件夾名稱起得詳細一點，然後按照時間順序或名稱順序排列，想要的文件很快就可以找到了。

如果你想找過去的文件，那只需要用搜索功能，找起來很方便。文件夾只需要大致分類就行了，但是為了方便搜索，文件名稱要詳細一些。最好制定一些規則，所有的文件都按照這個規則執行，這樣方便管理。

在整理文件的時候，也有一些小竅門，如果你想快速知道哪一些文件是最新的，最好還是在文件名稱中加上日期，以及項目名稱等關鍵詞。

有時候，客戶會發給你一些文件，這個時候最好把他們所發的文件重新命名，把時間和關鍵詞都放進去，以後需要的時候就很容易搜索到了。

一個人端坐在電腦前，看上去工作十分認真，但也許他的電腦和文件櫃都很亂，他正在浪費大量時間找文件。因此，我們不僅要充分利用好 IT 設備，還要對其熟練操作，整理好自己的工作文件，這樣工作效率才能有所提高。

及時整理資料，有效利用訊息

在工作中，不管如何提倡「無紙化辦公」和使用電腦傳輸文件，我們還是免不了要使用一些紙質的文件，比如：企劃書和提案書、參考資料、賬單、合同等，這些紙質文件有其一定的優勢，但同樣也有它的缺點，即難於整理、管理混亂，這樣就會導致我們工作的效率降低；所以說，怎樣科學地整理紙質文件是一項很重要的技能。

首先準備好幾樣小工具：文件架、透明文件夾、口袋式透明文件夾、小文件櫃、大紙盒。有了這些工具之後，再分三個步驟整理：

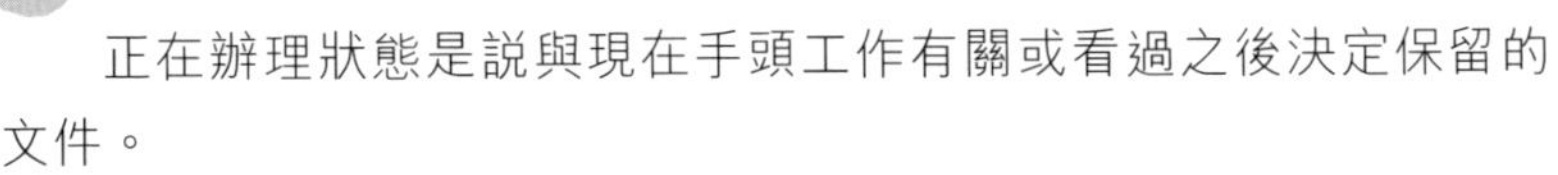

一 文件分為「正在辦理狀態」和「保存狀態」

正在辦理狀態是說與現在手頭工作有關或看過之後決定保留的文件。

保存狀態是說已經辦理好，但是仍然需要保存的文件，如合同、發票等。

也就是說，正在辦理的文件，等到處理完畢之後，要麼變成第二種狀態，也就是保存起來，要麼應該及時丟掉。整理文件最基本的步驟就是把文件分為以上兩類。

正在辦理的文件因為使用頻率很高，應該擺在離手邊近一點的地方，以方便隨時可以拿到。文件在用完之後應該及時存放在透明文件夾中，這樣就可以對文件一目了然了。

而對於那些已經辦好的、需要保存起來的文件，因為不經常使用，我們應該放進書櫃裏保存。

在工作的時候，我們也可以用兩層的文件架和透明文件夾來存放文件。

每一次在收到一份新文件的時候，我們可以把它放在文件架上，能辦理的就儘快辦完，辦完就處理掉，沒有辦完的就保存起來。

對於正在整理的文件，最好的整理工具就是透明文件夾，不需要把文件裝訂起來，不需要則隨時可以丟掉，如果需要加上新的紙頁也很方便。

二 重要的文件用大文件夾保管

整理那些已經辦好且需要保存的文件最有用的工具就是大文件夾。大文件夾一般都有固定的頁數，也有插孔型可以調整頁數。

我們在用大文件的時候，最好在大文件夾的側面加上標籤，如「登記冊」、「合同」等分類注明。給大文件加上標籤是一件很重要的事情，可以按照內容、時間的順序選擇一種合適的方法。

三 暫時需要保管的東西

辦理完的文件、沒有必要放進大文件夾裏的文件都應該及時丟棄。對於那些不知道以後是否還有用、先保管起來再說的文件，你可以用書櫃來保存。

一般來説文件的保存期是一年，一年用到一次的資料到了第二年仍然沒有用到的話，那就丟掉吧！

讓辦公桌成為舒適的工作場所

那些辦公桌上亂七八糟，花費很多時間在上面找東西的人不會有很高的工作效率。可以説，我們的辦公桌和抽屜裏的秩序，直接反映了我們大腦的狀態。

所謂的整理，也就是達到「你想要的東西伸手就能拿到並方便使用」的最佳狀態，比起怎麼放置和怎麼方便使用更加重要。一個人如果能維持好整理過的環境，才算是「站在工作的起跑線」上。

我們來看看怎樣整理辦公桌，讓工作更高效：

一 不要總是花時間去記東西放在哪裏了

有一些人的書櫃擺放整齊，但是他在找一份文件的時候，卻弄不清楚文件放在甚麼地方了，想要的時候無法得到，這樣的整理是沒有效果的。也有一些人説：「別看我的桌子亂七八糟的，但是東西放在甚麼位置上了，我都記得，所以我並不需要整理。」但是，你作為團隊中的一員，很多東西都要和團隊共享。你不在的時候，有人想要在你那裏找一些東西就會很困難了。

就算你沒有在一個團隊之中，而是單槍匹馬作戰，你認為東西自己找得到，亂一點也沒甚麼，但是從工作效率上來説，你也應該進行整理。因為用自己的腦子去記「東西放在哪裏了」實在很浪費。人的腦力是有限的，如果你正在努力工作，卻不得不停下來找東西的話，也會影響你的注意力。

二 學會扔東西

在你的身邊可能有很多紙質訊息，如果不進行整理的話，資料就會越來越多。而且會有很多訊息夾雜在其中，你想要的東西就有可能長時間找不到。

因此，為了讓那些重要的訊息不被埋沒，我們應該學會丟東西，這很重要，只有這樣，那些重要的訊息才會被我們快速找到。

三 用過東西之後歸還原位

在整理步驟之中，還原是很重要的環節。東西放得到處都是，想用的時候怎麼都找不到，歸根結底是因為我們沒有把它放在應該放的位置。

如果規定好物品應該擺放的位置，並做到了「用後就還原」這一規則，我們的工作效率就會得到提升。

四 盡量不要打印紙質文件

對於電腦上的訊息我們要進行一元化管理，盡量不打印紙質文件，這也是整理的方法之一。把訊息放在電腦裏，只要給文件取好名字，隨時在電腦中就可以找得到，既不用專門整理，還能做到減少紙張的浪費。

關於電腦與電郵的整理

電腦桌面就像辦公桌一樣，如果搞得亂七八糟就會影響你的工作。有一些人的電腦桌面上放滿了各種各樣的圖標，一點空隙都沒有，在這種情況下想要找到一些文件很難。

因此，一個人的電腦桌面所放的文件夾最多不要超過十個，而且還要分「大分類」型的文件夾，用快捷方式進行保存，總之最好是滑鼠點擊不超過三下就能找到文件。

一般情況下我們可以按照以下規則保管文件：

- 正在處理中的文件，要按照不同項目設文件夾，放在電腦桌面上。如果文件每一次都能用快捷方式打開的話，就有利於提高你的工作效率。
- 文件處理完之後，就保存到已經分類的文件夾裏。
- 設一個名字為「其他」的文件夾，把那些不容易分類的文件保存進去，以後再去研究到底應該怎麼分類。

以上就是管理電腦中文件夾的辦法，當然，管理電腦的方法也是因人而異的，有一些人管理電腦的出發點是分類和搜索，盡量不花費時間或不需要記憶；但在生活中，人與人不同，每一個人都能夠找到自己的方法。

雖然現在電腦的安全性越來越好，但是依然存在突然發生故障的風險，所以重要的資料應該做備份。

在生活中。我們每一個人都有備份的意識，但是一般想起來備份的時候已經晚了，這時候的電腦已經出現故障了。

因此，我們應該選定日期，定期給電腦做備份。其實，外置的大容量硬盤價格比較便宜，大家可以專門買來給文件做備份。

郵箱軟件裏面的郵件、日程表以及 TO DO 列表，都能用這樣的辦法備份。比如，如果在 TO DO 列表上設定「每月第一天進行一月一次的備份」，那麼到了時間電腦就會主動提醒你進行備份。

有一些人經常用 OUTLOOK 的 TO DO 列表管理所有的工作文件，他們會有一個習慣，就是把每週的工作文件全部打印出來。這樣，就算電腦和備份都出現了問題，還有紙質文件可以看。

方法 42

定時將你的頭腦清空

有很多商務人士使用電腦或筆記本來管理自己的工作或行程。但是他們並不會把很小的事情記錄進去。實際上，這些小事是十分常見的，如果我們不把這些東西記在甚麼地方的話，到時候我們只能靠自己的大腦來保存訊息。

當這些訊息長時間在大腦中的某一個角落，我們有可能在工作的時候突然想起來：「啊，我還有那件事沒有做呢！」這樣就會打斷我們在工作之中的思考，自己的精神很難集中，影響到工作的正常開展。

要嘗試去創造一種能夠讓自己專注於瑣碎工作的環境，想要創造這種環境首先要整理好自己身邊的事物。只要養成了這種習慣，在工作的時候發生頭腦混亂的情況就會大量減少。具體來說，可以從準備一些文件夾或者文件盒對文件進行分類開始做起。

儘管這只是對如何整理身邊瑣事的建議，它同樣適用於很多方面，如對大腦訊息的處理。

要想讓自己的大腦專注於眼前的事情，就必須清除大腦之中一切瑣碎的事，讓大腦處於一種空蕩蕩的狀態。所謂空蕩蕩的狀態，就是說「大腦之中沒有那些必須記住的事情」。而想要達到這樣的狀態，就必須要對大腦進行整理。

那麼我們怎麼把自己的大腦清空呢？

首先，把必須做的事情和需要記住的事情寫在 TO DO 列表上。所謂 TO DO 列表，就是對任務的記錄。這是電郵處理軟件多附帶的功能，它也可以在互聯網上提供在線服務。我們把任務寫在上面，通過對其確認來管理任務的進度。

其次，爭取把工作委託給他人。當我們掃視 TO DO 列表的時候，除了關注工作的輕重緩急之外，還能從這件事該不該自己做的角度上進行考慮。其實仔細想想，有一些事情並不需要自己親力親為。對於那些沒有必要自己做的事情，我們可以嘗試着把它們委託給他人。

最後，用檢查目錄進行整理會更加高效。把工作委託給他人，實際上就是公司的組織方式。上層的管理人員信任自己的下屬，把工作委託給他們，並且建立起一定的規則和秩序。正是因為有着規則和秩序公司才會得以發展。這裏最關鍵的一點是建立一種規則，創造一種不用開口也能讓下屬迅速完成工作的規則，這對管理者是很重要的。

不要太依賴你的記憶力，把你要做的事情寫下來

在工作之中，事情沒有大小，盡量把事情都記錄在 TO DO 列表上。這個時候也要注意：只要有可能遺忘的工作都要輸入列表中。從進行項目規劃、製作議案、會見客人之類的重要工作，到存款記帳、發郵件、上網查資料等這類簡單的工作，再到個人瑣事，應該全部寫進去。

之後我們要看一下列表，從那些緊急的事情開始處理。因為我們的大腦沒有任何必須記住的事情，所以我們可以專注於眼前的工作。

TO DO 列表有甚麼效果呢？

- 大腦沒有大量需要記住的事情，這個時候你的大腦就會很清晰。
- 不需要花時間去回憶，這樣你就可以有更多的時間去處理其他事情。
- 讓你不再亂想，專注於眼前的工作。

因此，比起用筆記本之類的傳統工具，TO DO 列表管理更方便。如果大家使用微軟的郵件處理軟件 OUTLOOK 來管理 TO DO 列表，就能夠對 TO DO、日程表、郵件以及通訊錄進行綜合管理，使用起來很方便。

在使用 OUTLOOK 的時候，如果新追加一個工作任務，那麼就能對其進行分類操作，在分類欄目中可以顯示任務的執行狀況。在你的工作完成之後點擊分類，任務就會從畫面之中消失。實際上它已經作為「已完成的工作」被保存了起來，以後也可以隨時查看。

隨着工作一件一件完成、一件一件從列表上消失，你一定會產生一絲絲成就感，這樣的成就感也會成為你工作的動力。

定期在任務中設定「思考類」工作也是很有效的辦法。日本曾經推廣財務掃盲運動，幾位大學研究生院的教授、公認會計師和財務規劃師一起創立了金融學系協會，這個協會擁有「財務管理資格」的認證權。

這件事情源於好幾年前，當時一位教授產生了一個想法：設立一個資格認證考試，以普及理財方面的知識與技能，使人們對財務更加了解。於是，這位教授就把「設立資格認證考試」這個任務寫進 TO DO 列表，讓它定期在電腦上顯示出來。

他把這項工作加進「每月任務」之中，所以每當看到這項提示顯示在列表中，這位教授就會思考一些與考試相關的問題，思考出來之後，他就寫進去。就這樣他的想法逐漸具體起來，等到條件成熟了，他也就夢想成真了。

剛開始，這位教授只不過有了一個很模糊的創意，當時只是把它輸入定期顯示的「工作任務」，督促自己不斷去完善、推進創意。這樣看來創意的具體化和實現也離不開規則的設立。

因此，有一些事情並不一定要依賴於自己的記憶，只要把事情記下來就能完成。如果自己一直想着，就有可能影響自己的正常工作和生活。

方法44 給待辦事項排出優先順序

我們會經常聽到一些中層管理者抱怨工作繁重，每天有幹不完的事情，一週有一半以上的時間在加班，沒有時間去運動，身體處於亞健康狀態；也有人説，現代社會變化太快，因為工作太忙就沒有時間充電。其實大家不是缺少時間，而是沒有有效利用時間。在做事情的時候，要記得不管遇到甚麼事情，任務有多重要，都要先釐清工作的順序，從最重要的工作開始做。

我們在處理事情的時候要分輕重緩急，人們可以用著名的四象限來劃分自己的時間。

第一象限是緊急又重要的事情。緊急的事情就是需要立刻去做的事情，而重要的事情是指對公司影響很大的事情，如老闆馬上要的報告、客戶投訴等。一旦遇到這樣的事情需立刻去處理，不然會影響自己的正常生活和工作。無論在甚麼狀況下，緊急又重要的事情都是首先要做的事情，因為這樣的事情與你的工作或生活息息相關。只有這樣的事情得到了解決，人們才可以順利繼續其他工作。

第二象限是重要但是不緊急的事情。這樣的事情並不急着去做，但是必須要做，因為它關係到公司的長遠發展。重要的事情一般會有比較充足的時間，在一定時間內完成就行。我們不能因為它不是緊急要完成的，就把它放到一邊，拖了又拖，遲早它會變成緊急又重要的事情。這些重要不緊急的事情在一定程度上反映了一個人對工作目標和人生的判斷能力。

第三象限就是緊急不重要的事情。比如，你在上班，一位朋友突然來電找你聊天。你沒有適當的理由推辭，就會和他聊一聊，這一聊就會花費很多時間。還有很多其他緊急但不重要的事情，這樣的事情要歸入優先之列，不然他遇到突發狀況，會把他當成緊急又重要的事情處理。現實生活中很多人都是按照事情的緊急程度排序，忘記了衡量事情的重要程度。

第四象限就是不緊急也不重要的事情。這樣的事情可以做也可以不做。在生活中我們會遇到很多這樣的事情，如去網吧打遊戲等。如果把時間浪費在這些事情上，就是在浪費生命。

把每天做的事情按照四象限來劃分，就會發現自己的生活更有條理了，也不會感到工作累了。只有善於劃分工作的優先緩急，才能擺脱不知道忙甚麼的狀態，讓工作和生活變得井井有條。這也是時間管理藝術的一部分。

方法 45

開會也要設定規則，提高會議效率

會議和會見既可以算是「操作類」工作，也可以算是「思考類」工作。如果只是單純地傳達已經確認事項的會議，那就屬「操作類」工作；如果準備在會議上產生新的創意、決定開拓新的業務，那就屬「思考類」工作。

在工作之中有一些人不喜歡開會，主要原因是覺得在同一時間把很多人聚集在一起開會是一種浪費。比如，把每小時工資是 500 元的 5 名員工聚在一起開會，每小時就要花費 2,500 元。如果是三個小時的會議，一個人的工費就要花 1,500 元。除此之外還有場地費等其他費用，因此開一次會的實際成本是 1 萬元左右。

如果在會議上討論的是價值 1 萬元以上的內容還好，但是絕大多數會議用大量時間處理一些用郵件就可以處理或不必當場討論的事情。

在工作之中，總有一些不得不參加的會議或會見，這時候你可以利用檢查目錄來讓會議高效化，從而節約時間。其實絕大多數的會議講話是差不多的，因此只要把它們放在檢查目錄之中就行了。

會議的全體出席人員都應該在會議開始之前就看一遍檢查目錄，搞清楚會議的議題並整理好自己的發言後再參加會議。這樣，大家都明確了自己的職責和會議的議題，會議就能高效進行。

下面我們來看看日本金融學系協會中常用的員工會議議題檢查目錄：

- 確定今後的方向
- 提高銷量的戰略
- 削減成本的戰略
- 擴大受眾、增加客戶的戰略
- 品牌戰略
- 員工情況
- 錄用戰略
- 安全事務

一般來説，在開會的時候，絕大多數情況下都會有專人負責會議記錄。要注意，所謂的會議記錄並不是把會議的內容都記錄下來，只需記錄決定事項和重要事項。

經常會有這種情況，就是明明在會議上確定了每一個人相對應的工作職責，但是之後都沒有得到很好的落實。這樣會議就白開了。因此，有一些公司在開會的時候，會議記錄和會議是同步進行的，會議結束的時候，記錄員就會把每一個人承擔的任務都記錄下來。這些任務會通過郵件發送到參會者手中，並要求參會者必須按照上面的要求完成任務。只有做到了這一步，才算對會議進行了程序化的管理，提高了工作效率。

方法 46

做好出差前的準備，輕裝上路

在工作中，很多人都會出差。出差前要做好兩方面準備：一方面，要確定出差期間自己要完成哪些工作；另一方面，安頓好家裏。

一 工作上的準備

出差前把自己的辦公桌整理好是必須的，這能方便別人從你的辦公桌上找到東西。在出差期間，你也要和同事隨時保持聯繫，以方便同事在你出差期間幫你處理工作。如果你的辦公桌上有保密資料，那就提前把它們鎖進抽屜裏。

在整理工作的時候，有一個重要的原則是化整為零。只有把那些大任務分成一個一個具體的小任務，一個一個攻克，才能完成最終任務。比如，你出差前首先要把自己每天的例行工作列一個表，看哪一些是能等你出差回來之後做的，把它們標為 A 類；哪一些是你不在的時候要交給助理或同事完成的，把它們歸為 B 類。對 B 類工作要做好交接，不要等到臨走的時候才托付給別人。

接下來，你要把重點放在手頭正在進行的項目上。把所有項目都列出來，在每一個項目旁邊標出截止日期，接下來再看看是否有合適的人選代你處理工作，還是你必須在出發之前加班把工作完成，或能不能帶到飛機上或酒店裏處理。之後，針對出差期間必須自己完成的項目，你要把所需要的資料都寫在紙上，並且一一準備妥當，出差的時候帶在身邊。

如果出差期間需要處理的項目有許多個，那就要做好分類。比如，你目前負責五個項目，其中三個出差期間不需要你操心，但是另外兩個有很多具體的問題要你在離開前或出差途中處理；那麼，你在整理行李的時候，就要把兩個項目的資料分別進行準備，最後用兩個大信封或文件夾分開裝。有條理地規劃好工作的每一步有利於你在截止日期前從容地完成工作。

二 生活上的準備

如果你有孩子，那麼在出差之前，你更需要把家裏打點好。你不在的時候，其他負責打理這個家的親人或保姆要清楚重要物品放在甚麼位置。平時也要多儲備一些糧食或日用品，以備不時之需。

如果出差很急，下面的事情就是你必須做的：將房間內所有不要的東西都扔進垃圾袋。接下來，把出差前要完成的事情列一個清單，如你需要儲備的食物、果汁或多餘的尿片等。之後就帶上自己的購物清單去購置吧。記得買東西的時候直奔主題，因為沒有多餘的時間讓你隨便逛。

再給臨時負責家事的人列出一張清單，上面包括緊急聯繫電話、孩子的課外活動等。把孩子學校發的需要家長簽字的各種回條都簽好，然後放到容易找到的地方。同時也要留一份隨身攜帶，必要的時候可以傳真給對方。

如果你家裏有寵物，你要把寵物經常吃的食物、經常去的醫院的聯繫方式和最近的動物救護中心的電話和地址寫下來。之後，再去查看一下信用卡賬單到期沒有，水費、電費、煤氣費各種費用都交了沒有。

充分利用外出開會的機會

在大型商務會議和銷售年會上，你會接觸到很多行業的人，其中肯定會有不少精英和成功人士，此時就是你學習的好機會。

那麼怎樣在會議期間認識更多的人，並且和他們建立起友好的關係呢？

一 在公共場合不害羞

如果你是一個容易害羞的人，那就找機會多鍛煉一下。比如，排隊的時候主動和陌生人打招呼，向別人介紹自己；買水果的時候主動和水果攤的老闆搭話等。時間長了你就會養成習慣，聯繫多了也會發現陌生人其實並沒有那麼可怕 —— 熱情的人會友好地回應你，冷漠的人最多是不搭理你，你不用太在意對方的態度。

二 注重第一印象，儀表很重要

你的套裝款式能跟得上潮流嗎？曾經有一位荷里活設計師説：「購置少量經典款服飾作為基本行頭，以後每年關注一下流行趨勢；比如今年流行動物花紋，那麼買一雙物美價廉的鞋子，再配一條動物花紋的圍巾，這種搭配的結果能讓你沒花多少錢就看上去很時尚。」

三 互相傾聽

傾聽是一門藝術，可惜很少有人懂。當你用心和別人交流的時候，你會發現一些小細節，這樣你才會知道從哪一個角度和對方交流能取得更好的效果。而且當別人發現你在仔細傾聽他講話的時候，會產生一種被尊重的感覺。總之，善於傾聽，可以為自己贏得更多的機會。

四 寫一封感謝信

會議結束，回到公司後記得寫封感謝信給會議上新認識的朋友，感謝他們讓你受益匪淺。我們都知道電郵比手寫郵件更方便，但是電郵沒有親筆信顯得真誠。即使感謝信的語言平淡，收到信的人也能感受到你的誠意。

五 保存通信方式

在整理行李的時候，把收集到的聯繫方式及時錄入電腦通訊錄，保存在容易看到的位置。這個工作一定要做，不然一切努力都付諸東流。

六 思考自己的現狀

好好利用這個機會，用全新的眼光審視自己現在的生活和工作。一般情況下，你會更懂得欣賞自己好的地方，主動改正自己不好的地方。因此，不要再把會議當成負擔，把它當成一次可以提升自己的旅行吧！

方法48

遠離過勞，做好規劃，輕鬆度假

如果你想要一個輕鬆的假期，你首先需要做的是提前規劃好行程。提到規劃假期有一些人就要皺眉頭了，因為這意味着你安排好的工作裏面又多了一件事情。但是你可以換一個角度來看，想想度假的快樂，你就會覺得規劃假期也不是一件那麼難以接受的事情。

拿出筆記本吧，你需要知道一些問題的答案。

首先，這次度假的目的是甚麼？其次，旅行是為了盡家庭義務還是為了玩樂？如果是前者，可以為這一次的旅行帶來甚麼樂趣嗎？再次，如果你想去的地方是一個你沒有去過的地方，你是否需要上網搜索一下相關的旅遊攻略？最後，你要去的地方需要提前訂飛機票或火車票嗎？

以上問題都是你要為這次旅行做規劃的時候需要考慮的問題。每一個肯定的回答就意味着你的「旅遊待辦事項」中多了一項工作。未雨綢繆是一個高效人士必須具備的特質。高效人士還有一個必備的特質是當出現緊急情況的時候，能夠臨危不亂，冷靜處理。

當你寫好「待辦事項」以後，再去整理自己的清單。第一步是「清除」，看看哪些事情可以從清單上去掉。比如，當你規劃旅遊行程的時候，你會發現有一些景點必須被取消以節省時間，那就把關於這些景點的旅遊手冊扔掉吧！

在出發前，你最好制定一份「代辦事務表」，這樣你就可以安心地度假了。很多人在旅遊的時候，家務會被放到最後，現在不如試試在自己離開以前就把家務安排好。度假回來，看到家裏整齊乾淨，心情也就會好了。

Chapter 6

認真專注，最大限度發揮自身潛力

專注自己的工作

高效人士推崇把小事做到極致，他們覺得只要專注地做事情，把事情做到極致，小事也很有意義。

那麼我們在生活中怎麼保持專注呢？

一 一次只做一件事

同時做幾件事情會浪費寶貴的時間。當我們從一個任務轉到另一個任務的時候，我們的大腦需要時間來調整，進而專注於第二個任務。這樣一轉換其實就是把我們寶貴的時間浪費了。如果能夠集中精力只做一件事，其實我們可以完成更多任務，更快實現目標。

二 排除其他訊息的干擾

在開始工作之前，我們最好先把電郵、Facebook 等關閉，這樣可以避免被它們干擾。在自己掌握、熟悉並且準備好使用的情況下，再去打開。提醒功能對於大多數人來說並不是好事，畢竟我們很難無視問題的存在。

三 保持清醒的頭腦

最讓我們分心的事情並不是你認為的 WhatsApp、微信之類的，而是我們在思考如何完成任務的時候，還有一個干擾你思考的「小人」在搗亂。這個厚顏無恥的「小人」經常會讓你無法集中精神，有時候還會在你耳邊嘮叨：「快點，快點！還有很多其他事情呢！」

這個時候你不要聽他亂說，穩定自己的思緒，重新回到自己考慮的問題上去。冥想是一個很有效的、讓自己冷靜的方法。它能幫助我們從喋喋不休的聊天中平靜下來，進而有助於集中注意力。

四 徹底大掃除

這也是一個避免分心的方法。如果你的桌子和頭腦都整潔乾淨，你分心的可能性就會很小。如果你養成了每週一次的總結習慣，你就可以輕鬆、專注和有準備的來迎接新的一週了。

五 鍛煉身體

很多人都知道鍛煉身體可以增強體力。其實鍛煉身體還可以減輕壓力。運動過程中所分泌的血清素可以改善情緒、提升幸福感。運動還有創造新的大腦神經元的作用，這些神經元有利於我們存儲和處理訊息。

六 明確目標

明確目標可以讓我們集中注意力而不偏離方向。當我們缺乏激情的時候，激勵我們堅持下去。因此，明確目標對於保持激情、克服半途而廢來説很重要。

七 化繁為簡

你的生活和工作越簡單，完成的工作也就越多。但這並不是説完成工作就好了，我們應該先挑選那些重要的、有決定性的工作去做。在工作之中，我們大部分人大都忙着無關緊要的事情，把時間浪費在對自己和工作沒有任何價值的事情上。因此，如果我們擺脱那些無關緊要的事情，多出來的時間便可以花在更重要的事情上，這樣我們會更專注。

方法 50

休息時完全放鬆，做事時高度集中

保持良好的注意力，是大腦進行感知、記憶、思維等認知活動的基本條件。工作時，注意力是打開我們心靈的窗戶。注意力越集中，我們的工作效率就越高。一旦注意力無法集中，心靈的門戶就關閉了，一切有用的知識訊息停止輸入。

那麼，我們應該怎麼集中自己的注意力呢？

一 如果你對自己即將去做的工作缺少興趣，那麼你可以設立「期限效果」

一般人做事的時候，剛開始的時候和快結束的時候效率高。在兩者之間，會出現效率低落、缺乏注意力的現象，心理學上稱為「中間鬆懈」，你想要維持自己的注意力可以像馬拉松選手一樣，設立中間站，更能發揮全力。設定中途站的時間不能太長也不能太短，否則會帶來相反的效果。

二 利用獎懲機制

把繁重的工作分成幾段，完成每一段都設置報酬，這對增進注意力很有幫助。有時候，懲罰也能有好的效果。有一些人在工作之中，經常會碰上莫名其妙的煩惱，想一些無聊的問題，以至於自己無法專心用功。想要改善這種情況，可以把工作中最優秀的人作為對手。

在工作之中，我們需要集中自己的精神好好工作；但是我們總會有累的時候，我們應該怎樣放鬆自己呢？怎樣才能徹底放鬆自己的身心呢？

可以寫字或畫畫。這些事情屬需認真去做的事，需要全身心地投入，否則這樣的事情是沒有辦法進行的。

可以和自己的伴侶一起看電影。有伴侶陪伴的時候，都是溫馨的，兩個人在彼此的甜言蜜語間，很多煩惱就會煙消雲散。

登山。登山是一項親近大自然的運動。它不僅可以鍛煉自己的身體，而且能讓你在累的過程之中把所有的煩心事都放下，從而起到放鬆的作用和效果。

當你做一件事情不開心的時候，就要學會轉移注意力。做一點自己喜歡的事情，可以去公園散步，看看大自然，尤其是那些綠色的花草樹木。

一個人躺在床上安靜地聽柔和的音樂，直到自己安心地入眠。聽音樂也會讓你隨着音樂而安靜，煩惱就不再糾纏自己。

可以回憶以前開心的事情，把那些記憶寫成一本日記。這樣一想到那些曾經的歲月，會讓每一個人的心裏都充滿了正能量，而且還會讓自己沉浸在那段美好的時光裏，自己也就忘記所有的煩惱了。

一個擁有自制力的人，才能高效工作

工作效率最高的人是那些對無足輕重的事情無動於衷，卻對那些很重要的事情看重的人。一個人如果過於努力想把所有的事情做好，他就不會把最重要的事情做好。因此，這個時候要自己管理好自己，不去想其他事情，由此可以看出，一個人的自制力很重要。

那麼，我們在工作之中應該怎麼提高自己的自制力呢？

一 思想境界

這是一個非常模糊的答案，但是它能從根本上解決我們的問題。只有我們的思想境界提高了，一些誘惑在我們面前才能不堪一擊，這是一種心境。我們可以通過學習，多讀名著，與先賢對話，來提高我們的思想境界。

二 針對訓練

我們的自制力會在面對某一種具體情況或者事物的時候瞬間瓦解，這就是我們自制力比較弱的方面。針對它，我們要有計劃地進行模擬訓練，讓自己在事先準備好的情況下去克服它。通過多次訓練，讓自己在再一次面對它的時候，能習慣性地做出正確的決定。

三 自我暗示

經常告訴自己「我可以」。通過這種暗示，能讓自己有信心去挑戰困難，從而戰勝困難。

四 破釜沉舟

如果你覺得控制不住自己，你可以斷掉自己的後路，雖然這樣做很武斷，但是會很有效。

五 明確的答案

當你面對誘惑的時候，有時會產生不當的思考方式，這時候你一般會敗下陣來。你要告訴自己「不可以」，給自己明確的答案，迅速地打消自己的邪念，更容易獲得成功。

六 三思而後行

當你遇到誘惑的時候，經常會腦袋一熱注意力就不集中了。其實，只要你能安靜下來，思考一下後果，你的自制力就會產生了。想一想甚麼是自己真正想要的，這樣我們做決定的時候就簡單很多了。

七 良師益友

如果你覺得一個人承擔所有的工作壓力太大，或者是一個人很難辦到，你可以找同事幫忙。

在工作之中，我們要隨時保持自制，不去想那些和工作沒有關係的事情。這樣我們才不會浪費時間，才能讓自己在工作之中成為一個高效能人士。

在工作之中要懂得拒絕

在工作之中，我們都想和別人維持一種良好的人際關係，人際交往是一種智慧，更需要一些小技巧。比如，要學會不傷害別人的拒絕辦法。

在工作之中經常會出現這樣一種情況，有一些人因為不想破壞人際關係而顧慮重重，最終沒有拒絕別人的請求，勉強答應了。儘管體諒對方很重要，但如果只是一味忍讓，這樣的關係遲早會破裂。短時間內維持這樣的關係也許還可以，但是想要長時間維持好同事關係，那就要學會說「不」，這是很必要的。

也許有人覺得說「不」會影響彼此的關係，其實如果你用高明的回絕方式是不會傷害對方的。要想在工作之中保持良好的人際關係，學會一種既重視他人又重視自己的溝通方式很重要。在工作之中，良好的同事關係也有利於自己高效地完成工作。工作講究團隊合作，只有維持好同事關係，才能保證自己和他人有好的合作，一個有默契的團隊才能高效地完成團隊的工作。

在工作之中，同樣是拒絕的話，因為每一個人的表達方式不同，給人的印象就會大相徑庭。那些習慣勉強答應別人請求的人，在下決心拒絕的時候一般會採取極端的方式，這樣的例子在生活中很多，所以我們應該注意。

把難以說出口的事情坦然地傳達給對方，並且獲得他的理解，這是最好的狀況。你可以記住幾個用於拒絕的慣用句子，這些句式有以下幾種：

一 遺憾型

在工作之中有人請你幫忙的時候，你想拒絕可以說「有負你的期望，我很遺憾」。當然並不一定非得這樣表達，你還可以使用能表達這一感情的詞彙。比如，「難得你開口要我幫忙，但是我實在不能答應你，真的很抱歉」、「真的太遺憾了，我那個時候剛好有事」、「我其實也很想做你說的那項工作，可是我在月尾工作很忙」等諸如此類的拒絕話語。

二 過失型

當別人要求你幫助的時候，你可以說「關於某某那件事情，如果我接受的話，我估計會給你帶來麻煩，所以我不能接受」、「我能力有限，反而會拖你的後腿，所以抱歉」、「我會盡全力幫助你，可是最近工作繁忙，如果我勉強答應你的話，那麼品質方面肯定會大打折扣，我會感到過意不去的」等，還有很多這樣的拒絕話語。

三 拒絕後給出替換方案

當別人讓你幫忙的時候，你可以說「這週不行，下週的話我倒是可以幫忙」、「很遺憾，我真的沒有辦法出席，某某可以代替我去嗎」等，諸如此類的說法。

既然在工作，就一定要敬業

我們每天大部分時間都在忙於工作，從某種意義上來説，工作是我們生命中重要的組成部分，如果我們能用對待生命的態度來對待工作，我們可以發現工作和生命一樣多姿多彩。

對於那些高效人士來説，工作在他們心裏的位置非常重要，他們知道自己要做甚麼。對待工作，你唯一能做的選擇就是努力，我們必須知道我們想要成就甚麼，我們才能為之努力奮鬥，每一個成功的道路上都需要付出心血與汗水，為了避免消耗我們的專注，我們一定要知道自己的追求，我們要堅持甚麼。在現代社會中，聰明人總能掌握機遇，無論我們在哪一個崗位上都要提高自己的業務水準與能力，因為那是我們的責任。

拿破崙將軍説過：「最重要的事情是要懂得怎麼把一件事情辦好，只有把你自己的事做得十全十美，你才能在和別人的較量之中穩佔上風。」對於那些工作漫不經心的員工來説，他們一般都缺少把事情做好的恆心和毅力。這些人一般也不知道怎麼訓練自己的個性，也達不到自己的目標。

在生活中，雖然我們每一個人都想做自己喜歡做的工作，但並不是每一個人都能遇到自己喜歡的工作。就算你學了自己喜歡的專業，畢業後進入自己期望的公司，也不一定能保證分配到自己喜歡的職位。所以，大多數人只能從做自己不喜歡的工作開始。

如果面對自己不喜歡的工作總是漫不經心，總覺得這是自己不得不去做的事情，長此以往，本來潛力無限、前程似錦的人生只會被你白白浪費。

作為一個高效能人士，要懂得與其不斷尋找自己喜歡的工作，不如學會保持對工作的興趣。把每一個任務都看作一次難得的機會，把工作的成果看成自己的作品，要徹底拋棄「工作是別人要我做的」這種思想，這樣不僅能把自己從工作的「苦難」中解救出來，也能讓自己有一個很大的提升。

愛崗敬業是作為公民道德和職業道德的基本規範要求，説起來容易做起來難。在生活中有很多人都是「做一行，厭一行」，做甚麼事情都從自己的興趣出發，見異思遷，不但自己的聰明才智得不到發揮，甚至給工作帶來損失，失去很多成長的機會。

工作順心的時候容易激發我們的敬業奉獻精神，工作不順心的時候，更需要有敬業奉獻精神來充當我們的精神支柱。不管怎麼樣我們都不能用理想來否定現實，也不能用現實來否定理想。面對現實，挑戰自我，奉獻社會，應該説是大多數人的現實選擇。作為一個工作的人，不管在甚麼工作崗位上，都需要有敬業奉獻的精神。

方法 54

抵住機會誘惑：太多機會容易導致犯錯

有人說：「一間公司在兩種情況下最容易犯錯誤，第一個是有錢的時候，第二個是面對太多機會的時候。」在工作之中的我們一定要腳踏實地地走好每一步，抵擋住那些機會的誘惑，千萬別在機會中迷失自我。如果我們抵擋不住那些機會的誘惑，就會一直在這些機會中猶豫不決，不僅浪費了時間，還降低了工作效率，最終一事無成。

那麼，我們應該怎麼抵擋誘惑呢？

一 提前作戰

當你快要陷入誘惑的時候做出決定、提前做好準備能夠幫助你解決困難。研究表明，對自己設定嚴格期限的員工比那些沒有設置的員工表現更好。

二 尊重自己的本意

研究表明，自我控制是一個非常有限的資源。任何時候，我們在一項任務之中只有有限的自我控制能量，當我們一直嚴格控制自己，就會感到很累，此時，我們就更有可能趨向於誘惑，心理學家把它稱為「自我消耗」。

提高自我控制力的第一步是清楚地認識到自我控制力最弱的時候，確保自己在這段時間內能夠找到一種抵制誘惑的方法，否則我們可能會不自覺地陷入誘惑之中不能自拔。

三 和無意識戰鬥

我們之所以會陷入誘惑，部分原因是我們的潛意識總是準備好執行我們做好的決定。這個時候我們應該遠離誘惑，不管是生理上還是心理上，去接近那些能幫助自己達到目標的事情，這樣我們的無意識就會不自覺地讓你朝着你的目標方向前進。

四 利用獎賞

獎勵能在很大程度上加強自我控制。研究者發現，一些人之所以能用短期犧牲來獲得長遠利益是因為我們的大腦中都有一個自我強化獎賞機制，因此設置獎賞會有效，特別是在個體自我強化的情況下。

五 懲罰

我們不僅要在表現好的時候獎勵自己，也要在表現差勁的時候給自己一些懲罰。研究者在實驗室條件下測試自我懲罰的時候發現，懲罰的威脅能夠鼓勵人們追求更長遠的目標奮鬥。

聽從你的心

你的心支配着你的大腦，所以要運用你的心智來增強自我控制力。比如，研究發現孩子們通過把棉花糖想像成白雲而成功拒絕食用它。這也是拒絕誘惑的一種方法：通過降低自己和這件事情的情感連接。

改變價值觀

這就好像你可以試着樂觀地思考，你也可以改變對目標和誘惑的看法。研究者發現通過降低誘惑以及提高對目標的認識對一個人的行為更有積極的作用。當我們更加重視自己的目標，我們就能無意識地適應它，同樣地，降低對誘惑的看法能夠幫助我們自覺地拒絕它們。

記住你最初的夢想，不要滿足於一時的成就

馬雲曾經說過：「記住你最初的夢想，不要滿足於一時的成就。人永遠不要忘記自己第一天創業時的夢想。」不管是誰，在剛開始創業的時候都會有夢想，也會為了實現夢想而努力，但是有很多創業者在取得一定的成功之後，抱着「守成」的觀念，再也不會為了自己當初的夢想而努力了。像這樣的人是走不遠的，他們還有可能壓抑別人的成長。要明白，眼前的一時成就只會讓你高興一下，切不可忘記了我們最終的目標是甚麼，甚至忘記了自己。

那些安於一時成功的人在做事情的時候效率會高，因為他們已經滿足於自己所擁有的，開始花更多的時間享受生活。互聯網風雲人物、盛大網路創始人陳天橋說過一段話：「當每天收入達到 100 萬元的時候，我覺得它是誘惑，它可以讓你安逸下來，讓你享受下來，讓你能夠成為一個土皇帝。當時我們只有 30 歲左右，急需一個人在邊上鞭策。就像唐僧去西天取經一樣，到了女兒國，有美女、有財富，你是停下來還是繼續去西天？我們希望有人不斷地在邊上督促說：你應該繼續往你取經的地方去，這才是你的理想。」

那麼，在工作中的人為甚麼不能滿足於一時的成就呢？這裏面主要有三個主要原因：

第一，如果工作中的人不滿足於自己的一點小成就，就會充實自己、提升自己，把自己的項目做強做大，為社會做出貢獻，進而實現自己的人生價值。

第二，小成就雖然也是一種成就，也能成為自己安身立命的資本，但是社會變化很快，如果我們長時間在原地踏步，社會的浪潮就會把我們拋到後頭。

第三，一個人不滿足於現有的成就，積極攀登更高的山峰，就會讓自己的潛力得到發揮。比如，一個原本可以舉起重 100 磅東西的人，因為不斷地練習進而有所突破，以後可以舉起重 120 磅或重 150 磅的東西。因為一個人只要安於現狀，就失去了上進求變的動力，沒有更大的目標，沒有辦法去做其他事情了。

如果我們想做成某一件事情，那麼我們在目標明確、鬥志昂揚的時候會完成得更好；相反，如果你自己一次又一次地拖延和延緩，自己的意志就會被慢慢削弱，需要其他的付出或犧牲才能達到自己的目的。只有那些停止進步的人才會有滿足感。對於那些永遠追求前面目標的人來説，他們總覺得自己身上有一些不完美的因素，因而總是渴望着進一步改善和提高，他們身上洋溢着旺盛的生命力，從來不墨守成規，這總讓他們認為任何東西都有改進的餘地。這些人是不會陶醉在自己已經擁有的成就裏，他們想讓自己更美好、更充實，在一次次進步中，他們完善自我，也完善着人生。

因此，在生活中我們不要太在意別人的看法，只要堅持自己的目標，不斷向前走，這樣才會取得更大的成功，讓自己的人生變得更有價值。

方法 56

放棄之前，問問自己是否竭盡全力

在生活中，有很多人因為遇到困難，就放棄了自己的夢想，並且因為困難他們自暴自棄，最終找個藉口放棄了自己的夢想。其實，任何放棄都是有藉口的，這是一種消極的態度。這個世界隨隨便便放棄自己夢想的人太多了，因此成功的人只有一小部分。

一個人要明白，戰場是不相信眼淚的，職場也不會相信。不要為自己的放棄找任何藉口，放棄的時候請問問自己，是否已經竭盡全力？

在現代這個競爭激烈的社會，沒有哪一種成功是隨隨便便能取得的。只有那些遇到困難後堅持下來的人，才會取得勝利。如果你覺得自己手裏拿着一副爛牌，不要輕易放棄，堅持下來，不停思考，如何將爛牌打成好牌。只要自己盡力去打，爛牌也會打得精彩。

通往成功的道路曲折又漫長，眼前的失敗只是成功的墊腳石，只要我們有一顆不認輸的心，失敗就不會成為定局。巴爾札克説：「我粉碎了一切障礙。」這就是不服輸的精神，它為巴爾札克的人生開啓了一條不平凡的路。

在人生的旅途中，我們面臨各種困境，這表面上是人生的障礙，實際上是一種磨煉。它最終的作用是讓我們擁有頑強的意志力，它讓我們更加成熟，更穩健地走向成功。失敗並不是因為放棄，但是放棄一定會失敗。

美國著名動畫大師、導演、製片人、企業家、配音演員、卡通設計者、編劇、迪士尼公司創始人——華特·迪士尼的成功就是源於他對繪畫的堅持。達文西堅持不懈地畫雞蛋，才有了舉世無雙的名畫《蒙羅麗莎》。人生之路肯定不會一帆風順，只要我們不認輸，一步一步勇敢地走下去，不放棄，就會有成功的那一天。

人的潛能是巨大的，在沒有挖掘出潛能的時候，你永遠不知道自己到底有多大力量；所以對於有些還沒付諸實踐的事，它的結果會如何，是不能輕易下結論的。俗話說得好：「要想知道梨子的滋味，必須親口嘗一嘗。」沒錯，沒有實踐就沒有發言權，如果因為一個梨子看起來很酸，就放棄去品嘗，也許會因此而錯過美味，只有真正嘗試之後，你才會知道事實到底是怎樣的。

如今雖然我們生活在和平的年代，但是我們生存的社會競爭壓力很大，這就要看一個人能不能堅持下去了。如果遇到挫折就打退堂鼓，這樣的人很難獲得成功，堅持下去靠的是內心的力量。一個人要想在社會中立足，靠得也是自己的堅持。只有能堅持下去的人，才會成為生活中的強者，才能贏得人們的支持和信賴。

一個人是不是一個人才，那就要看他在遇到挫折的時候能不能堅持下去。兩個人同時走路，那個不放棄的人往往會比先放棄的人有收穫。只要能堅持，相信勝利的大門就在不遠處。

方法57 不斷反省，向自己的弱點開火

反省也叫「自我觀照」，意思就是以一個旁觀者的身份，對自己的行為進行審視。反省可以讓一個人更了解自己。通過思考「我有甚麼缺點？我做事的方式對不對？為甚麼失敗或成功？」找到自己的優缺點，奠定自己成功的基礎。

稻盛和夫的經營哲學竅門就在於自我反省，那麼我們一起來看看稻盛和夫是怎麼執行的。

第一，人生之中，提升心志這件事情，説起來容易做起來很難，堅持每天進行自我反省的人更少。但不管人怎麼一心向善，都會在自己不知不覺之中做出一些出格的舉動。稻盛和夫並不以聖人自稱，但是為了不讓邪惡的心輕而易舉地打倒自己，他採用了一種自誡的形勢，每當驕傲自滿、自以為是的情緒出現時，他就會立即反省自己，督促自己進行改正。就在這樣的自我勉勵之中，他從自己的內心發誓要時刻保持謙虛的態度，改正錯誤，重新開始。

第二，反省自己最重要的是，要努力去思善、行善，同時自己一有不好的念頭，就要虛心反省，通過反省來一步步提高自己。

第三，對於自己的錯誤要勇於承認，並且敢於大聲説出來，老老實實進行反省，發誓進行改正，這樣不斷地反省自我，不但能夠避免工作上的失誤，還有利於提升心志。

反省的前提是敢於面對自己，敢於面對自己的錯誤，自誡是為了提煉心志，淨化自己的心靈。一個缺乏自我反省的人，最終會表

現出自私自利，驕傲自大，這不利於企業和個人的健康成長。

在生活中，每一個人都有自己的弱點，懶惰、怯弱、自卑、拖延等，這些都是阻礙我們成功的絆腳石。一個人想要提高自己就要不斷反省，勇於找出自己身上的缺陷，然後進行自我批評和反思，最終完善自己的品格。

工作就是一場修心，如果你能在工作中反省自我，就會讓你慢慢蛻變，不斷取得進步。其實，不只是工作，生活也是如此。比如，你和自己的妻子吵架了，如果你能靜下來想一想，就會發現自己確實有很多不對的地方。等你把這些缺點都改正之後，相信夫妻之間的爭吵就會越來越少，日子也會越來越好。

如果你想要成為一個能夠高效完成工作的人，那就要拋開自己的虛榮心，通過反省，找到真實的自己，坦然地面對那個真實的自己，不管是好是壞。反省自己可以幫助你改變自己的行為方向，克服自己的弱點，糾正所犯的錯誤。當我們已經養成反省自己的習慣時，所有的缺點和弱點都會離我們而去，成功也就會手到擒來。

有人說：「不要抱怨你難以成功，那是因為你身上的弱點太多了。」那些高效人士告訴我們，反省自己，不斷向自己的弱點宣戰，這樣才能完善自我。當你戰勝自己心中的虛榮心，一個個糾正自己的缺點時，你就會成為一個「自勝者」，真正掌握自己的命運。

在現實生活中，我們很難改變別人的思想和看法，所能改變的只有我們自己。因為我們的心情變得惡劣，因此才會覺得生活充滿了黑暗。讓自己的生活變得美好的鑰匙並不在別人手中，放棄自己的怨恨和嘆息，美好的生活才會隨之而來。有時候我們想要獲得美好的生活，現實中卻發現生活並沒有自己想像中那麼好，這主要是因為，我們總是想讓別人來改善自己的生活，卻忘記反省自己。

方法 58

簡單的事情重複做，你就是贏家

不少人都有過這樣的經歷：剛進入一個行業，獲得一份新工作的時候，很有幹勁，充滿信心，做甚麼事情都很認真，也很專注；但隨着時間的流逝，新鮮感消退，也就開始漫不經心了。於是，有野心的人頻繁跳槽，胸無大志的人可能混混日子。專注，在就業選擇越來越多的今天，顯得很難得。

那些能高效完成工作的人都是專注的人，簡單的事情重複做，你就是專家；重複的事情用心做，你就是贏家。

成功就是重複做簡單的事情。比如，特級教師也曾經是普通教師中的一員，他們之所以能夠成為特級教師，就在於他們能夠把平常人眼中的一些簡單的事情，如備課、上課、改作業等認真做好，並且他們在那些看起來很簡單、重複的工作之中不斷探索、總結自己教育教學的規律，積累教學的新思路、新方法，這才獲得了個人成長的質的飛越，最終成為名師名家。

在生活中，只要我們肯用心，就會發現即便是「簡單」的事情也不是應付就能了事的。這些看似簡單的背後有着巨大的學問，在看似重複的背後孕育着大智慧，這些都是自我成長所需要的積累。

在工作之中，只要我們肯用心、肯上心，時刻都能用自己那一雙善於發現的眼睛去審視我們的每一項工作，你會發現我們簡單的工作生活不枯燥，在平淡之中透着一份驚喜、一份幸福、一份期待。如果每一天我們都能以積極向上的心態來對待自己的工作，讓自己能夠領略到工作所透露的活力和韻味，就會逐漸收穫屬自己的那份成功。

Chapter 7

善於創新，尋找解決問題的捷徑

方法 59

隨身攜帶紙筆，隨時記下你頭腦中的靈感

美國無產階級革命家坎農說：「我把紙筆放在手邊，便於記下那些稍縱即逝的思想，以免被淡忘。」大發明家愛迪生說：「所謂天才，就是百分之九十九的勤奮加上百分之一的靈感。」

愛迪生本人是一個非常重視靈感收集的人。平常不管走到哪裏，他都隨身攜帶一個筆記本，他稱這個筆記本為「靈感冊」，自己一旦有了好的靈感、創意或觀察所得，他就會隨時記錄下來。當他沒有靈感的時候，他就會拿出自己的靈感小冊子來看，通過上面記錄的圖文獲得靈感。當愛迪生去世以後，人們驚訝地發現，在他的房間之中竟然有好多這樣的小冊子。

我們有時也會產生新奇的想法，面對這些想法，我們一般會一笑置之，不會多加留意，就這樣讓它們悄悄消失了。而事實上，有時候改變我們命運的恰恰是這些簡單的想法。

銷售員可能會覺得名片很重要；重視時間的人可能會覺得手錶很重要；財務工作人員可能會覺得計算機很重要。但不管你從事甚麼工作都應該隨身攜帶紙和筆，這樣不僅有利於把自己的靈感記錄下來，還會讓工作變得快捷高效。

出門辦公的時候帶着紙和筆。這樣你就可以隨時記錄下客戶的地址和聯繫方式，減少因為迷路或塞車帶來的各種麻煩。還能隨時記下來自己突發的想法。

和別人交談的時候帶上紙和筆。如果溝通不是很順利，或者用語言表達讓人難以理解時，在紙上畫一下示意圖會讓對方更容易理解你要表達的意思。

做有價值的會議記錄。開會的時候並不一定只是過場，你應該做好有價值的會議記錄，並且表現出自己對會議很重視。

需要介紹自己而發現沒有名片的時候。如果你沒有隨身攜帶名片的習慣，那麼至少可以用筆和紙寫下你的姓名和聯繫方式。

便於貼在自己周圍。把隨手記錄下來的東西貼在電腦熒幕上，這樣時刻對着電腦的你就不容易忘記事情了。

記錄有用的重點談話。和老闆談話的時候並不需要一直盯着他的眼睛表示禮貌和傾聽，有時也應該隨時記錄老闆的指示，並展現自己的思維。

由此可以看出隨身攜帶筆和紙除了可以記錄自己的靈感之外，還有那麼多的用處，我們何樂而不為呢？隨身攜帶紙和筆把自己的靈感記錄下來很重要。

方法 60

大眾化產品也能開發出新特色

安迪華荷小時候體弱多病，不得不經常在床上休息，因此他在學校裏沒有辦法融進其他同學的圈子。當他在床上養病的時候，他靠聽廣播、畫畫、收集明星的海報來打發時間。回憶起當時的經歷，安迪華荷認為這段童年時光對他影響很大，最終使他形成了自己愛獨處的個性，培養了他對藝術的熱愛。

20 世紀 60 年代，安迪華荷從一個廣告插畫師成功轉型。他轉型成功之後，枯燥的生活變得有趣起來。剛開始的時候，他在一些著名但非常嚴肅的美國產品上畫畫，如金寶湯牌罐頭等。他不僅把大規模生產的產品變成了藝術，也把藝術變成了可以大規模標準化生產的產品。安迪華荷曾經説過，他想把自己變成「一台機器」。於是他開始降低自己在產品中的創造性空間，當他的創造性降到最低的時候，很快他的作品因為很富有爭議性而流行開來。

於是，人們看到了安迪華荷紙鈔、名人頭像、剪報圖片等。這些東西很久之前就已經存在，它們就像可口可樂瓶子一樣普通又枯燥。安迪華荷説：「美國這個國家偉大的地方在於它開創了一項傳統，最有錢的顧客和最貧窮的顧客買到的產品本質上都一樣。你收看電視節目，看到了可口可樂，你知道總統也喝可樂，明星也喝可樂，然後你想了一下，你自己也喝可樂。可樂就是可樂，花再多的錢，你所買到的可樂也不會比那些流浪漢買到的好喝。所有人都知道這一點。」

安迪華荷後來創辦了《專訪》雜誌，並在 1975 年出版了他的專着《安迪華荷的哲學》，他在書中說：「賺錢是一門藝術，工作是一門藝術，好生意是最好的藝術。」

安迪華荷的人生經歷告訴我們，其實根本就沒有甚麼枯燥的東西。只有當你沒有辦法參與到自己的工作之中來，你才會覺得枯燥。當你投身其中的時候，你會驚訝地發現自己的創造力，居然會把枯燥無味的行業變得如此有趣而又有特色。

現代傳統行業和新興行業相比，仍然有自己的優勢。傳統行業往往存在了一段時間，市場成熟穩定，人們也已經使用過這種產品了；所以我們不用花更多的時間和金錢讓市場接受它，更不用擔心多年以後會被遺忘。因此在大眾產品的基礎上開發自己的特色，能夠提高公司的效率。

方法 61

創新自己的工作方式

沃爾夫・施耐德在他的《衝出圍困》一書中寫道：「大多數成就大事的人的日常工作都是非常辛苦乏味的。」這本書主要以偉人和名人作為寫作對象，並且集中闡述是甚麼因素造成了他們的偉大和名望。從達文西到湯瑪士，從巴爾札克到舒伯特，這些人的例子足夠證明：除了少數例外情況，大部分成功人士都有自己的工作方法。他們在工作的時候非常注意系統化和紀律。

同樣讓人感到奇怪的是，在各種學校課程之中以及其他形式的培訓之中，個人的工作方法並沒有得到重視。實際上，除了少數人天生就有出眾的才能之外，很多人在這方面都做得很差。

有一些人在工作之中採用了經過深思熟慮的工作方法，他們的工作成效顯著；而有一些人並不看重工作方法，因此他們的工作效果並不是很好。而工作方法對人們產生的影響不僅體現在職業成就上，有條不紊的高效工作方法也會影響個人的生活。

我們經常會討論一些工作的負面作用；比如，它帶來了過重的負擔，它使我們的生活節奏趨於瘋狂，它損害了我們的健康，等等。這些問題以及類似的抱怨大都與工作方法有關。大量艱巨的工作並不會讓人累倒，它僅僅會讓人感到疲憊。人們在工作之中倒下，是因為他們在工作之中沒有效率、沒有意義，並且他們在工作之中無法獲得成功。

雖然良好的職業訓練、足夠的智慧和經驗以及其他素質都很重要，但是如果你沒有適當的工作方法，這些都會失去價值，它們最多就是一些等待開發的潛能。

很多人都不願意從事有條理的系統化工作，因為它們相信，這樣的工作方法沒有創造性，這是一個廣泛流傳但完全錯誤的觀點。實際上剛好相反，那些真正有創新精神的人，都掌握了系統完善的工作方法。

不管甚麼工作，實現理想目標效果最顯著的「方法論」是存在的，只是我們要隨着時代的進步，與時俱進更新「方法論」，利用效果最顯著的方法開展工作，許多工作都能在短時間內有效率地完成；最後的結果就是達到了自己的目標，獲得了豐厚的利潤，擁有了自己的私人時間。

在這個快速創新的時代，上到公司董事長，下到一般員工，每一天都要面對很多生產、銷售、財務等問題。你是想辦法高效解決，還是累死都完不成，這主要取決於工作方法。在生活中，我們永遠不要停止改進自我，改進自己的職業。不要在成長的過程中，讓慣性思維束縛住你。只要不陷入自己的慣性思維，遵照適合自己的工作方法，每一天都是新的開始。

方法 62

借鑑他人優秀的經驗

他人的經驗可以成為自己的借鑑，生命有涯而知無涯，我們不可能在有限的生命之中體驗所有的事物。經驗是寶貴的，也是有限的。人之所以偉大，就是在於能借助思維，從間接的經驗中獲得智慧。以別人成功的經驗和失敗的教訓作為借鑑，這是自己獲得智慧的途徑之一。

那麼在生活中，我們怎麼借鑑他人的經驗呢？

一 誠懇的態度

既然是借鑑他人的經驗，免不了要向他人請教，所以在請教的時候我們應該有誠懇的態度。擺正態度是首要的，態度決定請教能否成功。

二 説話要有水準

在向他人借鑑經驗的時候不能直接説這個問題我不會，這樣會給人一種很不禮貌的感覺，應該謙虛一點説：「你好，我在這方面有一些不懂，你是這方面的高手，你是如何做的呢？有甚麼經驗嗎？麻煩你幫我看看，幫忙解決一下可以嗎？」類似這樣的説話方式，不僅有禮貌，而且很中肯，別人聽了之後會覺得舒服，就會把經驗告訴你。

三 虛心且要有耐心

向別人請教問題借鑑經驗的時候要虛心一點，不要覺得別人講的東西很煩。我們既然向高手請教，那麼就應該認真聽他講東西，從中學到自己想要的經驗。

四 有些問題要迴避

有一些關於別人私隱或家庭的問題不要問。因為這樣違反了做事的原則。我們最重要的事情是分享別人的成功經驗，並不是複製別人的成功。

五 要在合適的機會請教

不要在別人忙的時候請教，這樣對別人不好，而且自己也會辦不成事情。比如，別人工作很忙，這時候我們應該另找一個空閒的時間拜訪。

古人云：「他山之石，可以攻玉。」事實證明，善於學習借鑑別人的成功經驗或失敗的教訓，可以讓自己在工作中少走很多彎路。畢竟個人的經驗是有限的，如果能夠通過學習他人的經驗，接受他們的觀點和方法，把它們和自己的實際工作經驗結合起來，能讓自己的工作效率得到提高，何樂而不為呢？

方法 63

多用新招，一招不見得能走天涯

360 公司一直提倡「三個凡是」：凡是用戶提的問題，一定要追本溯源，找到問題的原因，從用戶的角度思考解決的方案；凡是負面的訊息，即使是對手故意在找麻煩，也要找到可以改進產品的啓發點；凡是競爭對手的產品，都必然有學習借鑑的優點。

「一招走天涯」是很多商界人士所信奉的經營心得，而 360 公司董事長周鴻禕並不這麼認為，他覺得好的創意、好的東西被別人學習是正常的。當今社會，一招鮮並不是一成不變，而是始終如一地保持與眾不同的本色。否則，這一招早晚會被別人學走，當別人做的超過你的時候，你就會遭到淘汰。創業者要想把自己的企業做大，就不能固守一個傳統的經營手法和營銷方式，而要多出新招數，始終擁有自己的經營特色。

在職場之中，我們也要多改變自己，不能讓自己一成不變，否則自己將會被社會淘汰。如果你決定要做改變，那麼就要考慮從以下幾個方面入手：

一 尋找自己的核心競爭力

不要總是抱怨公司不給你機會，這很有可能是因為你沒有讓別人看到你有足夠的能力勝任那個機會。不管是因為你不適合現在的行業，還是因為現在的工作已經沒有讓你發揮的餘地了，你都應該從自己的身上尋找轉變的可能性。文員、秘書這樣的工作是典型的缺乏核心競爭力的工作；如果你想有所提升，那麼你就要增強自己的專業技能，如外語、人力資源管理等，這樣才會讓你為以後接受「有競爭力」的工作打下基礎。

二 為了長期的規劃可以以退為進

有了一定工作經驗的人，如果想調整自己的職業方向，可以放下身段，從頭做起。雖然看起來這樣比原來的工作狀況有所退步，如新工作壓力太大，工作時間長，薪資待遇也沒有提高等；但是如果你調整的方向是對的，能讓你學習更多的東西，接觸到更大的世界，那麼在短期內的以退為進是可以接受的。

三 堅持，堅持，再堅持

挑戰自己，戰勝自己是一件很不容易的事情。混日子就像是下山，而挑戰自己就是上山。哪一個更累，顯而易見。但是當你爬到了高處時，就會看到更美麗的風景。當你覺得自己堅持不下去的時候，或者懷疑當初做的決定的時候，請再堅持一下。

方法 64

把90%的人說「好」的決定扔進垃圾桶

馬雲在談到創業的時候說過，如果一個方案有 90% 的人說「好」，我一定要把它扔到垃圾桶裏去。因為這麼多人說好的方案，必然有很多人在做了，機會肯定不會是我們的了。

這樣的說法並不是說要我們去反對大多數人的觀點，而是鼓勵人們在眾多的思維中有自己獨特的想法，獨到的見解，而不是大家都一樣。一個人要想與眾不同，那麼首先他要有與眾不同的思維方式，這種思維方式就是創新。通過創新，讓自己所做的事情和大多數人截然不同，有自己的特色。正是這種特色，會吸引很多人的眼光，從而達到意想不到的效果，很多時候，這種效果甚至超出了你的想像。

阿里巴巴在剛開始建立的時候，只有 18 個人，這 18 個人後來被稱為阿里巴巴十八羅漢，他們全是馬雲做教師的時候認識的同事、學生和好朋友。馬雲離開外經貿部決定南下回杭州創業的時候，他對這些人說：「我要回杭州創辦一家自己的公司，從零開始。大家願意同去的，每月只有 500 塊錢的工資，願意留在北京的，我可以推薦你們去收入很高的公司上班。」聽了馬雲這番話，大家都願意跟着他一起離開。

於是在 1999 年農曆新年，馬雲帶着這班人馬從北京回到杭州，為自己即將到來的新事業做準備。他們準備做一個電子商務的網站。但是在剛開始創業的時候，大家的想法都不一樣。有的人主張做 B2C，有人想做 C2C。最後馬雲決定說：「我們做 B2B。」

當時大家都覺得馬雲這個想法不太現實，因為在當時的互聯網中還沒有這樣的模式，至少在中國互聯網上沒有。但是馬雲說：「如果一個想法 90% 的人都説好，那麼你可以直接將它扔進垃圾桶。如果大家都想得到，別人就能比你做得更好，你還做甚麼？」他下定決心做 B2B。事實證明。馬雲的決定是對的，阿里巴巴取得了成功。

有一句話叫「不走尋常路」，也就是説另找路走，大多時候，如果我們跟着別人走，一般會碌碌無為，而不走別人走過的路才有可能成功。

這個時代是一個創新的時代，需要那些創新型人才，生活在這個社會之中，我們需要有自己獨特的思維和創造力。這就像法國思想家蒙田所説：「我不願有一個塞滿東西的頭腦，而寧願有一個思想開闊的頭腦。」現代社會沒有自己獨特的地方，就不會有甚麼大事業，吃別人吃過的東西也是沒有味道的。

方法 65

出奇制勝，善於反其道而行之

在商界，如果一個企業擁有超常規的人才，會讓公司如虎添翼，取得很好的戰績。「一個便宜三個愛」，在生活中很多人都有着這樣的思想。但美國惠普公司有着與眾不同的理念，他們在產品上多花心思，用好的性能讓消費者自願出錢，而不是把所有的精力都放在價格競爭上。

當其他公司為了提高營業額降價銷售自己的產品時，惠普公司反其道而行，把產品平均提價 10%，研究開發的費用增加 20%。之後，惠普公司持續三年的高增長率雖然降了下來，但是公司的利潤額得到了大幅度提高。更讓人吃驚的是惠普公司債務的變化，在改變自己的經營理念之後，惠普公司幾乎償還了所有的債務。這一變化讓人感到吃驚，惠普公司的做法是違背常理的，但是效果很明顯。

東洋人造絲織品公司是日本最大的化纖製品廠之一，被人們稱為「紡織闊佬」。但是市場瞬息萬變，新技術的發展讓化纖產品的市場越來越小，以至於東陽公司故意損壞機器，想從政府那裏獲取補助金來維持經營。

好在這個時候一個小班長救了公司。過去的紡織技術是把五條粗細均勻的線紡成一條，公司為了保證產品的質量，不讓公司員工把五條不均勻的線紡在一起。小班長想如果故意把五條粗細不一樣的線紡織在一起，不就能開拓一條新的道路嗎？

這個小班長把這個想法做成方案交給了公司。公司的決策人剛開始的時候不願意接受這樣「不合時宜」的想法，但是班長一再堅持，最後決策人接受了他的想法，並針對這個發明申請了專利。

人們的審美千變萬化，不知道甚麼時候人們開始喜歡穿那些粗糙而鬆軟的衣服。要想製作出這樣的布料，就必須加入30％的像被蟲蛀過的線，而這就是小班長的專利，公司由此獲得了成功。

創新並不是多麼神秘的事情，反其道而行也是創新。那些精明的企業經營者和企劃人絕對不會沿着一條路走到底，他們會在旱路不通的時候走水路，大路不通的時候走小路。

在職場之中，如果自己和大家都用同樣的方法去做事情，這樣往往不會取得甚麼有別於他人的成就，有的時候我們不妨試一下反其道而行，這樣說不定會起到事半功倍的效果。

方法 66

搶在變化之前先改變

在現實生活中，有許多問題都是我們過去遇到過或別人遇到過的，所以我們會按照常規思維去解決問題。經驗的確會為我們解決很多麻煩，但也會讓我們陷入思維定式，讓我們忘記還有許多方法都能解決問題，甚至有一些方法能解決得更好，只不過我們對它們還不熟悉，因為我們沒有採用過，所以我們固執地認為，除了這條路，無其他路可走。

但事實並不是這樣。許多情況下，解決問題的方法並不是只有一種，就好像通往羅馬的路並不是只有一條一樣。我們只是沒有想到另一條路，但是它們的確存在，只不過我們尚未發現。

這個時候我們要學會變通，勇於做一些別人沒有想到也沒有做過的事情，如此我們就能打破條條框框的束縛，成為勇為天下先的開拓者。

在這個世界上有很多追隨別人腳步的人，他們總是喜歡跟着別人的腳步走，沿着他人的思路思考。他們覺得，走別人走過的路才最省心，這條路是自己走向成功、創造卓越人生的一條捷徑。他們並不知道「模仿乃是死，創造才是生」。

對於很多人來說，模仿是一件愚蠢的事，它是創造的勁敵。它會讓你的心力枯竭，沒有動力；他還會阻礙你成功的步伐，干擾你進一步的發展。所以對於一個高效能人士來說，要想成功就不能模仿，不能走別人走過的路。

高效能人士都不喜歡和別人同吃一碗飯，他們很高明，能把小機會變成大機會。他們眼光獨特，在別人還沒有睡醒之前，他們已經把錢裝進自己的口袋裏了。

走別人沒有走過的路，就意味着你必須面對別人不曾面對的險阻，吃別人沒有吃過的苦，但也只有這樣，你才能夠發現別人沒有發現的東西，到達別人不曾到達的高度。

成功者之所以會取得優於別人的成績，主要是因為他們想到別人不曾想到的東西，走別人不曾走過的路，也正是因為這種思路支持着他們一路走來，讓他們敢為天下先，跨越很多障礙獲得成功。

有人說：「使命和價值觀不能改變，其他都能改變，而且要搶在他人之前改變。」這麼多年過去了，我們見證了他的堅守和創造，也說明了「搶在變化之前先改變」的大智慧。

方法 67 倒立思維，一切皆有可能

人在做任何事情的時候都脫離不了自己的思維。拿破侖也曾經說過：「思維不僅能拯救一個人的命運，它還能拯救一場戰爭的命運。」很多成功人士經常說：「命運掌控在自己手中。」那麼是甚麼讓我們掌握命運？那就是我們的思維！在生活中，思維支配着一個人的行為。兩個有着不一樣思維的人去做同一件事情，結果的差異是很大的。

企業發展到一定階段的時候，總會遇到大的挑戰，其中最大的挑戰就是組織的慣性。傳統企業轉型難主要的原因是整個組織的思維慣性卡住了。思維一般分為兩種，一種是增長型，這種思維就是把 KPI 完成就可以了，不要去冒險；另一種是非增長型，有了這種思維就會不斷地努力，不管在甚麼情況下看到的都是機會，不會看到挑戰和壓力，所以也不會焦慮。如果產生了焦慮，那就說明思維方式錯了。正確的思維方式看到的都是機會，現在的商業環境那麼豐富和多元，機會也很多；因此在看待問題的時候不要只從內向外看，還要從外向內看，這是一種倒立思維。

所謂的倒立其實也就是一種逆向思維。逆向思維作為一種方法論，具有明顯的工具意義，那麼逆向思維有哪些呢？

方位逆向法

方位逆向也就是雙方完全交換，讓自己處於對方的位置。學習方位逆向，首先要做到四個字：設身處地。在方位逆向的實際運用中，需要你站在他人的角度，尤其是那些與你有利益關係的人，要

從對方的角度來看待和分析事物。想要學習這一點，不僅需要真誠的心，更重要的是創新的智慧。如果在工作之中我們學到這一點，就會更快了解客戶想要甚麼，有利於提高自己的工作效率。

二 屬性逆向法

事物的屬性一般是多方位的，一件事情可以從不同的角度去理解。同一件事情從不同的角度來看，它的性質也是多方面的，並且這些性質是可以轉化的。因此在工作之中，我們不要只從一個方面看問題，要從多個方面看，那麼一定會有和別人不一樣的發現。

三 因果逆向法

逆向思維之中，「倒因為果，倒果為因」的方法在生活中的應用很廣泛。有的時候某一種惡果在一定條件下可以反轉為有利因素，關鍵是怎麼運用逆向思維。治療天花的方法是接種牛痘，這種以毒攻毒法就是運用因果逆向思維法的結果。

四 雅努斯式思維法

「雅努斯」是一尊羅馬神話中的兩面神。傳說中，他的腦袋前後各有一張面孔，一張看過去，一張看未來。你能在古羅馬錢幣上看到它，它一隻手拿着開門鑰匙，一隻手拿着警衛長杖，站在過去和未來之間。

雅努斯式思維法，就是把思維對象的兩個面孔作為目標，遵循逆向路徑研究問題，善於把正向思維和逆向思維結合起來看待問題。

方法 68 在繁雜的流程中，學會簡化一個步驟

通用電氣前 CEO 傑克・威爾許説：「速度決定一切，它是競爭中最不可缺少的部分。速度、簡化和自信，三者相輔相成。」

你現在正在做甚麼工作？在你開展的工作中有哪些步驟？你能去掉一個步驟嗎？高效工作的一個方法，就是從工作中去掉一個步驟。

不管你提供甚麼樣的服務或者產品是甚麼，就算你在大公司工作，也要問問自己：「是不是必須要這麼做？我們能不能幫助客戶節省時間？我們能不能省掉某一個步驟？」

在面對客戶的時候，不管是甚麼，不管你讓他們做甚麼，都要問問自己：「他們非得這樣做嗎？我們真的需要他們這樣做嗎？有沒有更好的辦法省略掉這一步？」

如果你現在正在銷售商品，你可以憑着改進送貨的方式來實現財富的快速積累，而不用費盡心思去想怎麼讓產品更新換代。你可以想想：你是怎麼送貨的？這樣送貨的方式可以改進嗎？可以讓物品更快地送到客戶手上嗎？可以讓接收者更方便地接收貨物嗎？

在工作之中，並不一定只有那些企業家才需要用這些方法來讓自己成功。就算我們是公司的普通職員，也可以通過革新自己的工作來得到晉升。

Chapter 8

學會帶團隊，提升工作績效

方法69 不懂帶團隊，你就得自己拼到底

帶團隊也就是管理隊伍，管理隊伍中的每個人。管理，這是一個只要涉及企業行為就必定談及的話題。與此同時，管理也是當下最熱門的話題之一，只要手底下有幾個人，張口閉口必談管理。然而，管理這一話題雖然火熱，但真正懂得甚麼是管理的人卻寥寥無幾。你想要自己的團隊發展得好，就得學會怎樣帶團隊，會帶團隊了，你的工作才會有效率。

那麼在工作中，我們該怎麼帶團隊，怎樣學會管理呢？

一 具備核心主管力

核心主管力包括：自律、無私、自信、擔當、專注、器量……主管就是一個影響他人的過程，沒有人喜歡被管理，但是人們能夠接受被影響。因此，你想要主管別人，就得有良好的品性，讓周圍人會因為你的影響而做出改變。

二 團隊制度的建立

作為管理者來說，制度是你管理的下屬讓企業提高效率最有力的武器。優秀的制度可以幫助主管者帶領團隊走向輝煌。想要管理好團隊，團隊的制度建立很重要。

三 團隊人員的高效溝通

團隊中每個人的情況都不一樣，為了形成團隊內部強大的凝聚力，就要加強團隊人員的溝通。內部成員有良好的溝通會使工作效率大大提高。

四 內部權力的制衡與分享

權力是每個人都渴求的東西，然而只有真正掌握它的人才知道，有效地行使自己的權力是一件不容易的事。所以你要對手中的權力進行有效的制衡與分享，才能讓權力發揮最大的價值。

五 項目的決策和考核

團隊只有做好項目才標誌着成功。作為管理者的你，你的決策正確，項目才能成功，決策錯誤，員工再努力也沒有用。而決策必須依賴考核，用它來監測決策的正確性。

六 塑造團隊的凝聚力

團隊擁有凝聚力，會讓成員產生一種歸屬感。團隊成員只要心往一處想，勁往一處使，齊心協力共同奮鬥就會更輕鬆地完成目標。

作為管理者，不會帶團隊，你就只能拼到底。所以我們要學會管理下屬，讓他們提高工作效率，為你、為企業創造出更大的經濟效益和價值。

方法70 帶人的第一技能：學會傾聽

世界第一代成功學大師卡內基説：「一雙靈巧的耳朵，勝過十張能説會道的嘴巴。」傾聽是人際交往中必備的技能之一，是衡量人際溝通質量的重要標誌。善於傾聽比善於交談更重要。

作為管理者，不僅要發佈命令讓下屬實施，還要學會傾聽他們的想法和建議。因為只有了解和關注他們的想法，你才能了解他們的狀態，讓他們對你產生認同感和被尊重的滿足感，才能更有效率地投入工作中，從而實現你的高效能。

所以，你想要學會傾聽，想要了解和掌握員工狀態、提高工作效率，可以先從以下幾個方面進行學習：

一 全神貫注地傾聽

傾聽是一種技巧，這種技巧的第一信條就是給予對方全部的注意。你在認真聆聽下屬的話語時，他們會產生一種被尊重的感覺，這樣才會樂意把自己的想法告訴你。

二 記得隨時回應

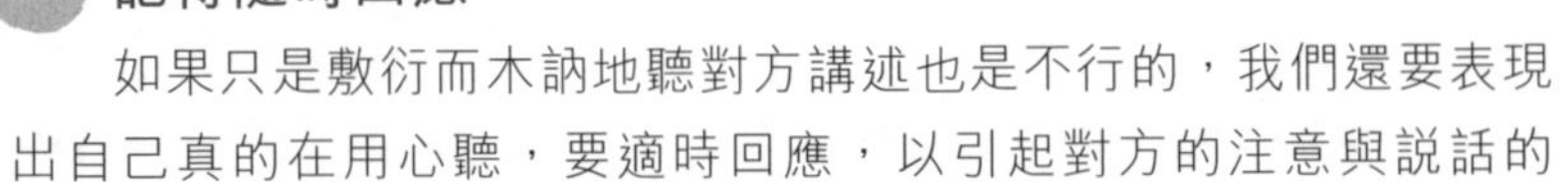

如果只是敷衍而木訥地聽對方講述也是不行的，我們還要表現出自己真的在用心聽，要適時回應，以引起對方的注意與説話的慾望。

三 要有重點地聽

可能員工找你談話有別的目的，這時你就得仔細分析他的意思到底是甚麼，找出話中的重點，這樣才能了解員工的真正意圖，找到處理問題的辦法。

四 要善於平等地和員工討論問題

優秀的管理人員應該知道，如果對下屬扮演權威角色，會使雙方產生敵對的狀態，會使有效的溝通中斷。所以要感同身受地站在對方的角度考慮問題，這會使你們的關係得到改善。

五 採用員工的建議改進工作

傾聽下屬的意見，管理者能夠得到更全面和更完善的解決問題的方法。集思廣益，聽取廣泛的意見，然後取其精華，往往能取得事半功倍的效果。

傾聽是幫助我們走向別人心中的一個重要途徑。當你真正學會用心去傾聽別人說話時，你才能了解別人的想法，這個時候你才能集中精力去解決問題或發揮影響力、主管力，成為受下屬愛戴的主管者。

嚴密的制度，是高效管理的關鍵

很多管理者都抱怨自己的團隊效率低下，究其原因不外乎「沒有規定」或「規定沒有得到執行」，制度形同虛設。很多中小企業還處於落後的「經驗管理階段」，而每個人的經驗都是不一樣的，所以很容易導致工作效率低下。如果想讓企業或團隊更好更快地發展，達到高績效管理，就得制定嚴密的制度規定並給予堅定的實施。

一 制定規定的步驟

經過民主程序制定。制度的制定要經過全體員工一起討論與表決，這樣在以後實施起來才更有力度。大家會信服並自覺遵守它。

向員工公示內部規章制度經民主程序討論通過後，必須以正式文件形式向全體員工公示，只有經公示後才能生效。可以根據自身情況，採取不同的公示方式。

二 實施規定的步驟

規章制度要與實際相符合。規章制度一定要有存在的價值，做到與公司發展的實際情況相結合，不要去照本宣科地套用別人的制度。

要由高級管理者頒佈。制度的推行一定要由老闆或比較高級的主管宣佈，員工會更容易服從。

三 以身作則，嚴格實施

管理者可以吸引下屬的注意力，所以我們要努力成為一個可靠的「自我管理」的榜樣。如果想讓員工成為有效的「自我管理者」，我們首先就得成為榜樣，為員工提供示範，以生動、詳細、易於理解的方式來展示「自我管理」的行為，這樣大家的工作效率都會有所提高。

四 規章制度，銘記在心

規章制度制定的根本就是管理員工，所以其內容一定要讓相應的員工知道，了解制度的作用意義與如何操作，讓他們知道，如果不執行會帶來甚麼危害。

五 制度實施可以有過渡期

不管你管理的人員是多是少，在開始實行的階段，要有一個月的適應期，如果有觸犯制度的員工，這時勸誡即可。適應期過後，可以公示給予何種處分。

所謂管理，就是管好自己的行，理順別人的心。作為管理者的你若能牢牢把握自己的行為規範，堅持捍衛企業的制度，維護制度的尊嚴，同時在制定制度的時候充分考慮具體情況，不使制度過於教條、嚴苛，就能夠調動員工的積極性，建立歸屬感，從而實現高效能管理。

方法72 果斷決策，讓行動領先一步

凡事要主動，消極等待則有可能甚麼也得不到。所以，在商場上要想搶佔先機，管理者就要做到果斷決策，讓行動比別人領先一步。

決策不僅是企業能否持續發展的關鍵，也是個人成功的關鍵。不管企業還是個人的發展都離不開決策，決策正確，就意味着成功；決策錯誤，就會走向失敗。

可是商場如戰場，成功與失敗，生存與死亡，有時只差一步。作為管理者，想要獲得成功，要讓行動永遠比對手快一步。在萬事俱備後，一定要果斷決策，走在競爭對手的前面，這樣才能贏得先機走向成功。

富士康集團 CEO 郭台銘經常對員工說：「一步落後，步步落後；一招領先，招招領先。」他不僅這樣要求員工，更是身體力行地實踐着這句話。富士康在三十年內從一個小廠子不斷地壯大，成為全球資訊技術公司百強企業，它的經營範圍寬廣，涉及通信、電腦和電子領域，連續三年都是中國出口創匯第一名。正是因為郭台銘無論做甚麼都始終抱着「比他人領先一步」的理念，才讓富士康取得如此驕人的成績。策略再好，管理能力再強，但是遲遲不行動，一切都是枉然。一個管理者要充分認識到，果斷決策的重要性，也要做到積極行事，這樣就能在商場上搶得先機。

對於管理者來講，果斷進行決策是十分重要的。決策晚了，機會就沒有了；決策錯了，則全盤皆輸。那麼，如何才能夠做到果斷決策呢？

一 自強自立

要鍛煉自己的獨立性。可以在決策之前，大家一起討論決策的可行性，但是一定不要依賴別人，讓別人幫自己拿主意。管理者要有一個標準，能夠做到正確地做出決策。所以，培養良好的自信、自主的意志力是非常重要的。

二 關鍵時刻敢於拍板

很多管理者在遇見問題時，不論是否可以解決，總是猶豫不決等上級給予指示。這樣不僅討不到主管的歡心，而且會錯過時機。所以管理者一定要分析好行情走勢，做好充分的計劃和準備，既要做到敢於拍板，又要善於拍板。這樣才不會因為錯誤的決策，給自己和公司帶來損失。

三 減少決策層次

過多的管理層次會引起不必要的麻煩，也會大大降低決策效率。為提高大家的辦事效率，可以減少管理層次，在做重要決策前，可以促使高級管理人員最大限度地發揮其潛能，使整個程序變得精簡而迅捷。

在當今競爭日益激烈的社會，企業要想生存、發展、壯大，管理者就要摒棄決策緩慢、遇事猶豫不決的不良習慣，做到果斷決策，讓行動領先一步。當團隊的每個人都果斷決策，行事迅速，團隊就會越來越具有活力和競爭力。

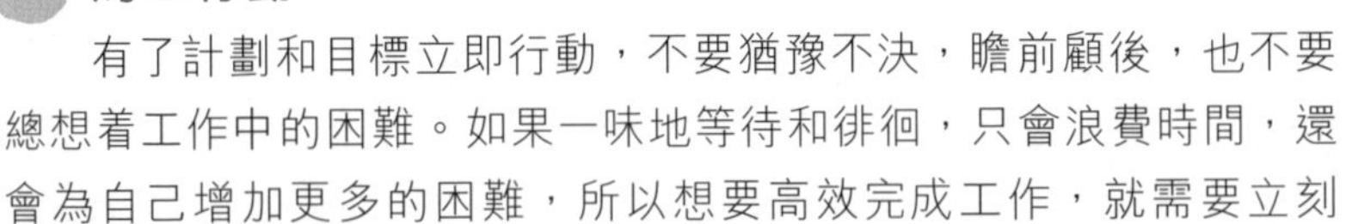

方法73 培養沒有任何藉口的執行力

卓越的執行力是高效管理的有效方法之一。一名優秀的管理者，會在工作中摒棄拖延的毛病，養成立即行動、動手去做的習慣，不會為自己製造藉口，有意拖延自己的工作。

執行力很重要，很多管理者都明白這個道理，可在實際工作中總是習慣拖延，把工作留在後面，讓自己享受眼下的安逸。拖延是執行力的天敵，而避免拖延的唯一方法就是立即行動。怎樣培養沒有任何藉口的執行力，以下是給在工作中喜歡拖延的管理者的幾個忠告：

一 積極主動

一個人面對問題的態度很重要。只有積極對待問題，你才會對它感興趣，並樂意去完成。當你有這種態度時，就會感染你身邊的人，下屬也會積極主動地對待工作。

二 馬上行動

有了計劃和目標立即行動，不要猶豫不決，瞻前顧後，也不要總想着工作中的困難。如果一味地等待和徘徊，只會浪費時間，還會為自己增加更多的困難，所以想要高效完成工作，就需要立刻行動。

三 執行要有計劃

執行任何任務都要有步驟，要想你的工作井井有條，就得懂得安排。管理者在團隊中起領頭作用，更得嚴格要求自己把工作任務分配好，懂得統籌安排，這樣會使你的工作更有效率。

四 要有始有終

執行是一個不斷深入的過程，即使很普通的任務，如果能有效而深入的執行，也比半途而廢的計劃要好得多。任何事情需要的都是一個過程。當我們順利且圓滿地完成一個任務後，就會對下一個任務充滿信心。這有利於激發和提高我們的工作熱情，並實現高效工作。

成功源自執行，只有執行才能改變企業的命運。好的想法很重要，但行動力更重要。想要成為一名優秀的管理者，一位高效能人士，就要養成沒有任何藉口的執行力。這樣，不僅自己會成為一名卓越的執行者，還會打造一支具有執行力的團隊，主管着大家走向成功。

方法74 為人才選擇合適的崗位

人是構成企業最基礎的要素，管理團隊也成了衡量管理者是否優秀的一個標準。對於一家企業來説，人員的管理和應用十分重要。因為人是企業的重要資源，管理好了，會推動企業的快速發展；管理不好，會成為企業生存的隱患。所以，要充分地利用好人才資源來提高工作效率，推動企業高速發展。

如果説人是構成企業的基礎要素，那麼人才就是推動企業發展的動力。在當今社會，人才可以説是最重要的，企業要做大做好，就要重視人才。如果想把企業做大，那就必須重視人才，人才是成功的保障。總而言之，現代企業間的競爭，其實就是企業人才之間的競爭。誰擁有了人才，相當於贏得了克敵制勝的法寶。

可是換個角度來看，有了人才，卻不一定能有效地將人才利用起來。因為有很多管理者不懂得知人善任，白白浪費了優秀人才。

世界上沒有兩片相同的樹葉，也不會有兩個相同的人。團隊裏的成員也是一樣，每個人都會有自己獨特的性格特點。管理者不能一概而論，要根據員工的性格特點和能力，把他們放在適合自己的工作領域中，合適的位置才有利於長處的發揮。

作為管理者，不僅要考慮人才自身的種種因素，還要充分考慮其間會發生的種種問題，所以實行起來會有一定的難度。任何人都有自己應有的位置，將一個人放在適合他的位子上，才能更好地發揮出他身上的潛能。既然為人才選擇合適的崗位如此重要，那麼管理者應該怎麼做，才能真正做到「人盡其才，物盡其用」呢？以下幾點，可供大家參考：

一 尊重人才

企業和管理者要做到「以人為本」。人才只有得到了應有的尊重，才會熱情和積極地投入創新中，用知識創造財富，使科研成果迅速轉化為商品，在市場競爭中贏得優勢。

二 了解員工的性格特點

優秀的管理者要學會按照下屬的性格來安排工作，用不同的方式下達命令，給予條件和平台充分發揮他們的長處，這樣大家都會高效地完成任務。

三 了解員工的專長

每個人都有自己的特長，有的人適合做企劃，有的人適合談判，還有的人適合做產品研發……管理者要讓他們做到「術業有專攻」，分配合適的崗位，發揮他們最大的價值。

所以，一個優秀的管理者，不僅是一個維持秩序的人，更是一個用人高手。把合適的人放在合適的崗位上，對管理者來說是一個考驗。一旦做到了「人盡其才，物盡其用」，那麼成效將會大大提升，從而實現經濟價值的最大化。

方法75 調節員工情緒，提高他們解決問題的積極性

員工不僅是企業發展的基礎，員工的素質與活力也成為企業發展的根本動力。企業的發展需要一支訓練有素、具有較強執行力的員工隊伍的支援；同時，在企業發展過程中，要不斷發展、提高員工素質，調動員工的積極性、主動性。只有這樣，企業才能在競爭中發展壯大。

企業中，每個成員的力量都是不可小覷的。正是由於他們的存在，才能推動企業和社會的發展。可是在整個浮躁不安的市場環境下，受到心理與情緒困擾的員工不在少數。要知道，員工的心態和情緒有可能影響到企業形象和組織績效，如果管理不好，情緒很可能產生破壞作用，情緒波動無時無刻不影響着職場中人。

日本是世界上自殺率最高的國家。日本的企業崇尚「軍事化管理」，這從一方面導致了日本員工的自殺率居高不下。嚴格的企業管理在為日本帶來經濟快速發展的同時，也為日本的社會心理危機埋下了禍根。有許多企業在發展過程中都出現了員工因為心理壓力太大而產生自殺的問題。企業為了實現經濟利益最大化，難免會採取一些強硬的管理方法，這就會給企業員工造成很大的壓力。在實現高效益的同時，如果管理者忽視了對員工身心的關注會產生嚴重的後果。

如今，情緒管理已成為企業管理中必備的課題之一。管理者需要面對的問題是，怎樣調節員工情緒，提高他們解決問題的積極性？這個問題可以從以下幾個方面進行解決：

一 了解員工情緒低落的原因

要營造一個無壓力的談話氛圍，進入主題前，要肯定他們的優點和過去的成績；然後，指出員工現在的狀態，再耐心詢問影響他們工作積極性的原因。一定要讓員工放下心來，坦誠相待，對你說出真正原因。只要找到「病因」，接下來解決問題就容易得多了。

二 向情緒要效益

管理者可將情緒勞動與績效考核相掛鈎。實際上，員工情緒資源的運用對象主要是上下級、同事及客戶，通過這些主體收集員工情緒勞動的相關訊息，再通過績效反饋程序，達到改善情緒工作、提高績效的目的。

三 建立有效的激勵機制

可以通過建立有效的激勵機制，包括薪酬激勵、制度激勵（包括獎懲制度、競爭機制、崗位機制等）、情感激勵，建立優秀的企業文化等措施來提高員工工作的積極性。

生活中壓力無處不在，適當的壓力可以使人充實、上進，但是壓力過大或者緊張感持續時間過長則會使我們的生活變形。而壓力影響的不僅僅是個人，還包括公司整體的效能。對管理者來說，應該把員工的心理健康放在企業的競爭優勢和企業文化建設中去，保持員工良好的情緒，調動他們工作的積極性，提高工作效率，以促進企業高效、健康的發展。

方法 76

調用資源，幫助員工快速達成目標

一些管理者會在工作中幫助他們的員工重新開發和利用他們的「資源」，並找到解決問題的方法。其實，在這種情況下，管理者可以把「資源」定義為員工解決問題的方法。這樣理解的話，員工的資源包括個人的努力、團隊精神、對公司的忠誠度，也包括一些個人的具體能力，如處理問題的能力、溝通的技巧、專業技能等方面。此外，客戶資源也是一個重要的方面。其實，不管是員工還是企業管理者，最後的目的都是獲得資源，獲得客戶。

商場如戰場，在瞬息萬變的經濟市場中，勝敗乃兵家常事。但換個角度思考，塞翁失馬，焉知非福。與對手較量的失敗，會給你深刻的教訓或啓發。失敗意味着浪費資源，丟掉客戶；而丟失客戶會使你更加關注客戶，以客戶為中心。當我們不斷地改進和完善後，失敗可以轉化為成功。

在工作中，每個人都不是萬能的，我們會遇見各種各樣的難題，這時員工會進入「瓶頸期」，工作得不到進展，這時就要發揮管理者的作用了。幫助員工開發資源或者調用自己的資源，來尋找解決問題的辦法。怎樣做才能調用自己或者員工的資源，使他們快速達成目標呢？我們可以從以下幾個方面做起：

一 利用自己的資源幫助員工發現資源

人在高壓下，會遺忘很多東西。面對的問題越困難，就會覺得壓力越大，處理問題更是沒有頭緒。這時管理者就得幫助有困難的員工釐清頭緒，提出解決問題的辦法，幫助員工發掘他們以前忽略的資源，幫助他們快速達成目標。

二 從不同的角度來發現資源

凡事都有兩面性。任何事物都有好的一面和壞的一面，員工產生的困難和問題也有例外的情況。當換個角度去思考發生的問題時，其實我們也就構思了部分解決問題的方案。在我們不斷地思考和尋找中，就會發現可以利用的資源越來越多，這樣就會找到充分的資源來解決問題，完成任務，達成目標。

三 相信能找到資源

要想在工作中迅速地發現問題並解決它，這就要求管理者有一雙敏銳的眼睛，能夠發現資源。也許，開始時很難，但只要經過訓練和仔細尋找，確定目標後，我們就會找到更多的資源。如果一段時間後，還是沒有確定資源，這就要求給予自己鼓勵，從而產生積極的情緒，促進團隊的成功。

四 反覆過濾資源

在工作中一定要養成記錄和反思的好習慣。每天總結工作中進行和發展好的事情，記錄曾經用過或者正在使用的資源。並對近期的工作進行總結和反思。然後，團隊成員一起分享經驗和學到的東西。時間久了，我們會發現團隊裏的每個成員都充分利用了資源，同時提高了工作效率，並很快達成目標。

每天花10分鐘幫助從未主動找你求助的員工

毋庸置疑，人是企業構成的基本要素。而人才，是企業最重要的資源，關係着企業的可持續發展。但對企業來說，人才還是相對稀缺的，如何把「人」變為「人才」，這也是企業管理者需要重點思考的問題之一。

一名優秀的管理者要起到承上啓下的作用，對上要彙報工作情況，對下要落實管理。作為中間的紐帶對企業的發展起到不可估量的作用。管理者，最重要的職責是管理和使用好公司最重要的資源——人。

在這方面，很多管理者都有做得不好的地方，那就是他的職責是培養和發揮一群人的能力，最後卻只培養了一個人。企業和團隊的發展只靠一個人才是不夠的。作為管理者，一定要跳出本身的局限，盡可能培養出更多的人才來推動團隊和企業的發展。當然，培養一個人和幾個人容易，培養一群人就需要耗費更多的時間和精力。但是既然發現了問題就需要想辦法解決，這時你可以使用排除法來解決這個問題。

管理者必須了解和熟悉團隊裏的每個成員，了解他們的長處，清楚他們的不足，做到時刻掌握他們的工作狀態。有的成員對待工作積極主動，他們會主動地向你彙報工作，碰到難題時會向你尋求幫助。與此相反，還有一些員工，從來都不會主動地找管理者談話和彙報工作。

管理者想要得到更多的人才，就要充分挖掘這些員工的才能與價值。在這時，管理者需要做的是，每天花 10 分鐘幫助從未主動找你求助的員工。管理者可以具體參考以下幾種做法：

一 首先表示欣賞

談話要有個良好的開端，管理者和員工之間要建立和諧的關係。而建立良好關係的基礎，就是對員工的尊重和欣賞，肯定他們以前的成績。這樣做之後，你會發現你和員工之間緊張的氣氛會變得輕鬆，更有利於後面的談話。

二 不強制性地干預

對於積極尋求幫助的員工來說，強制干預會幫助他們解決問題。但對於沒有尋求幫助的員工來說，管理者主動或強制性地干預他們的事情，反而會使事情變得更糟糕，使他們產生抗拒心理，如果這樣就得不償失了。所以，管理者要審時度勢，在恰當的時機提出幫助，這樣問題就得到解決了。

三 主動發出幫助的訊息

一些員工遲遲沒有提出需要幫助，原因可能是他們不相信自己可以得到幫助。這些員工產生這樣的想法可能源自缺乏自信，缺少解決問題的訊息。這時，你可以給他們確立自信，並提供更多的訊息，讓他們了解改變是有可能的，看到了解決問題的希望，他們就會主動地行動，最終也會提出幫助的請求。

只有每個員工的辛勤努力才能共同推動企業的發展。只有員工主動接受任務、承擔責任才能構成企業有效行為，才會促進效率的提高和經濟的發展。所以，管理者要充分挖掘、開發和利用每一個資源，來實現公司的快速和可持續發展。

方法78 高效利用流程圖，用最少的時間取得最大的成果

流程圖是使用圖形表示算法思路的一種方法，它能把繁雜的關係用一張圖概括出來。在企業管理和團隊管理中，流程圖像指南針一樣指引你前進的方向，並告訴你解決方案最短的路徑，流程圖會幫助你快速解決問題，為員工和公司獲取更大的利益。

在工作中，管理者如果能利用好流程圖，會對自己的管理工作產生很好的幫助。流程圖可以幫助我們發現工作中的錯誤。流程圖的應用會讓你做出的決定最優化，可以避免很多錯誤的產生。管理者也會在流程圖的利用過程中得到經驗。因為管理者很容易把自己固定在一個模式之下，學會高效利用流程圖後，可以從多角度考慮問題。

作為管理者不可能只面對一個員工，你可能主管一個團隊。如果面對單個員工，那麼你們的關係會在流程圖上清晰地表達出來；而當你主管很多人時，許多方面都要涉及，不同的成員分佈在流程圖的不同位置，這時難度大大增加了。此時，管理者可以從以下幾個方面做起：

一 進行人員規劃

在流程圖上把每個人所處的位置規劃和標記出來，使複雜的關係得到簡化。

二 確定目標

在運用流程圖之前，要制訂計劃和最終的目標。在干預和處理事情的過程中，要接受不同的意見和答案，努力讓流程圖上的每個人實現自己最大的價值。

三 分清主次

在解決問題時，要按照流程圖上人員分佈的主次來實行干預。從需要管理和幫助的人開始，然後再對流程圖中靠下的位置的人進行干預。

流程圖在工作中佔有很重要的地位，充當着指南針的角色，為管理者提供正確的方向，並告訴你能做和不能做的事情。在工作中，環境和人員會不斷地變化，在流程圖中你和他人的工作關係也是一直變化的，這就要求你要不斷地整合和創新。作為管理者，帶領團隊高效完成任務、創造價值是最重要的事，你要相信，流程圖會是你重要的幫手。

學會放權，把權力授予信任的人

思想家韓非子曾說過這樣一句話：「下君盡己之能，中君盡人之力，上君盡人之智。」這句話同樣可以運用到企業管理中。在工作中，管理者要敢於放權並善於放權。這既是管理者成熟的表現，又是管理者取得成就的基礎和條件。

如果管理者不懂得合理放權，只信任自己，要管理的事情就太多了，不僅會把自己累壞，也會讓下屬的能力退化，讓下屬感到不被信任，甚至養成依賴性，更不會對工作產生積極性和創造性，這都不利於企業的長期發展。

所以，優秀的管理者，不僅懂得怎樣放權，更懂得如何去信任下屬。管理者給予下屬的信任和下屬的業績成正比，人們都希望得到主管的信任，對此也願意付出自己最大的努力。如果下屬在得到權力之後，依然感覺不到主管的信任，他的工作熱情和效率也會隨之下降。這時，作為一個聰明的管理者，就要學會放權，把權力授予信任的人，讓他們為自己創造更多的價值。

怎樣放權，並讓他人替自己創造更多的價值？管理者可以從以下幾個方面進行參考：

一 明白放權的重要性

作為管理者，為了企業更好地發展，必須敢於放權，這樣不僅分擔了管理者的工作，還會培養出更多的人才為公司服務。只有懂得了放權的好處，才能學會放權。

二 合理授權

管理者要合理授權，衡量一下哪些權力可以下放，哪些權力不能隨便下放。一定要切記，最終的決策權和財政大權是一個企業和組織的命脈，管理者一定要慎重對待。

三 充分信任下屬

任人之道，要在不疑，寧可艱於擇人，不可輕任而不信。善於用人的管理者，絕不會輕易地懷疑自己的下屬，要充分信任下屬。信任的力量是無限的，主管的信任是贏得員工付出真心的關鍵因素。

企業管理者的首要任務是一手抓種子，一手拿肥料和水，讓種子成長。讓你的公司發展，讓你身邊的人不斷地進步和創新，而不是控制他們。所以在管理中，管理者要學會放權，將權力授予信任的人，讓他們不斷地學習和進步，從而實現雙贏、共同實現企業高效和快速的發展。

方法 80 危機發生時儘快做到止損

華為技術有限公司總裁任正非曾說：「十年來我天天思考的都是失敗，對成功視而不見，也沒有甚麼榮譽感、自豪感，只有危機感。也許就是這樣才存活了十年。我們大家要一起來想，怎樣才能活下去，才能活得久一些。失敗這一天一定會到來，大家要準備迎接，這是我從不動搖的看法，這是歷史規律。」如果管理者沒有危機感，肯定會產生驕傲情緒，會樂觀地認為企業已經走上了快速發展的道路，更不會產生危機意識，時間一長，就會變得懶散起來，從而失去競爭力，從而被對手超越，最後也會被市場淘汰。所以，作為一名管理者，培養員工的危機意識很重要，這樣不僅能預防更大危機的出現，還能使團隊團結起來，形成強大的戰鬥力。

在企業的發展過程中，危機是不可避免的。這就要求管理者高度警惕那些毫不起眼的小危機，如果不及時修補和處理它，可能給企業帶來無法挽回的損失。商場瞬息萬變，企業每天都在面對新的變化，隨時出現新的危機，如果不把它們扼殺在萌芽中，就會引發更大的危機。

千里之堤，潰於蟻穴。小小的過錯可能會帶來極其嚴重的後果。所以作為管理者，一定要在危機發生時儘快做到止損，避免產生更大的損失。在危機發生時，管理者要做到以下幾個方面：

一 穩定人心

危機發生時，管理者要保持冷靜和樂觀的態度，即便沒有想到解決的辦法，也不要慌張。因為這種情況下，員工的心是慌張和無措的，管理者要用態度去感染他們，穩定他們的情緒。同時，管理者的淡定與堅強能讓員工堅定自己的信心，與管理者一起共渡難關。

二 立即做出決策

面對危機時，很多人會猶豫不決，做不出決策。作為管理者不能眼睜睜地看着事情惡化，讓解決危機的時機白白溜走。即使面對危機沒有辦法，不能做到當機立斷，也要快速分析形勢，立即做出決策。

三 學會取捨

當危機發生時，管理者一定要冷靜處理，迅速採取補救的措施，可以多研究幾個方案，然後在裏面選取收益最高和風險最小的那一個，及時彌補漏洞才是管理者高效能的表現。

四 發揮帶頭作用

危機發生時，管理者要發揮帶頭作用，首先衝上去，替員工抵擋更大的風雨，並給員工堅定的信念，冷靜地指揮團隊戰勝危機，走向成功。

危機是任何人都不能避免的事。管理者能做的就是在危機發生時，不懼怕危機，帶領團隊在危機中尋找機會，抓住機遇。

方法 81

高效溝通必備的六大素養

溝通是通往別人內心的橋樑，一個團隊想要高效運轉離不開溝通。每個人的性格和特點都是不同的，團隊成員也是。成員之間個性不同，能力不同，各個方面都存在差異，很難形成一致性，在一起工作一定會有分歧。溝通的目的是讓意見不同的人達成共識，讓大家能齊心協力朝着一個共同目標努力，如果管理者在這方面沒有協調好，會影響團隊的凝聚力。

眾所周知，溝通是需要語言表達的。弗洛伊德也認為，語言是人類的基本工具，具有特別的力量，語言和魔法是同一回事。直到今天，語言仍保持着許多神奇的力量。管理者要想充分利用這個魔法，就要懂得溝通，學會溝通。那麼，怎樣做到高效溝通呢？要做到高效溝通，管理者要具備以下幾點素養：

一 樂觀、勇敢

要做到高效溝通就要不害怕當眾講話，可能每個人都有一定程度的交流恐懼症。成功學之父卡耐基告訴人們，不必膽小地躲在自己給自己設定的框框中，我們應該採取熱情主動的態度與人交往，不然恐懼會嚴重降低溝通的效率。此外，我們應該不停地學習，用知識來彌補自己的不足，提高自己對事物的認知，擴大認知視野。

二 培養自信

如果你在口才和溝通上存在不足，你也不要貶低自己。你可以根據自己的不足，在與人溝通前計劃好談話的主題和方案，或者自己提前預演一遍，不用多久，你就能找到適合自己的溝通方式，並進行高效的溝通。

三 真誠

真誠的言辭更能獲得人們的信任。有人說：「每件事都得看說者的態度，而不是說者講了些甚麼。」作為管理者與他人溝通時，要想讓他人信服，說話時必須有真摯的感情，單純快速地說話少了誠意也就沒了吸引力。管理者只有用真誠的態度打開對方的心，最後才能實現有效溝通。

四 合理運用肢體語言

卡耐基說：「如果你想表現出優雅的形象，並準確傳達訊息，那麼最好說甚麼話就用甚麼樣的體態。」所以在與人溝通中，不同的體態也影響着講話者所傳達的訊息。有科學調查顯示，在講話者所要表達的所有訊息中，通過非語言渠道傳遞的訊息佔了 93%，其中 38% 來自聲音、語調等；55% 來自手勢、表情、肢體語言等體態。管理者要充分運用自然的姿態，做到有效溝通。

五 溝通方法因人而異

只有兩個人互動才叫溝通。溝通不是一個人的事，這就要求我們必須考慮交流對象的情況。因為每個人都是不同的，不管性格、教育程度、成長環境，還是心理素質。想要達到高效溝通的目的，管理者要盡量使用適合對方的表達方式。在與人溝通前，應該詳細思考以下幾個問題：要對誰講，將要講甚麼，為甚麼要講這些話，應該如何講。

六 說話要有分寸

在與人溝通中，你可以勇敢地把你自己的想法表達出來，但這並不意味着你可以無所顧忌地想說甚麼就說甚麼。與別人交流還要掌握分寸，要注意說話的程度、說話的場合、說話的禁忌。不要不分場合亂說話，也不要說你不應該說的話。管理者也是這樣，尤其在面對下屬時，更應該控制好自己的態度，給員工留下個好印象，這樣才能讓員工敞開心扉，從而實現有效的溝通。

溝通是連接管理者和員工之間重要的紐帶，高效的溝通也會提高兩者之間的工作效率，產生經濟效益。所以管理者一定要學會高效溝通。

Chapter 9

懂得溝通，讓執行更順暢

方法 82

如何與偏執者達成共識

作為一個管理者，在工作中會接觸各式各樣的人，其中肯定也會有性格偏執的人。他可能是挑剔、暴躁的上司，也可能是性格敏感、易激動的下屬。總之，我們不可能避免與他們進行溝通和來往。

這樣管理者就會面臨一個難題：怎樣才能與偏執者之間做到有效溝通呢？怎樣才能說服偏執者放棄自己的執念與他們達成正確的共識呢？想要與偏執者達成共識，管理者應從以下幾個方面進行學習：

一 不要發生爭辯與衝突

要想與偏執者達成有效溝通，就不要與他們發生爭辯和衝突，要巧妙地運用技巧，用寬容和平等的態度對待他們。當別人對待問題有不同意見時，我們應該理性看待。即使對方的意見並不正確或表達尖銳，你一開始也不要打斷對方的話，要認真聽清對方表達的意思，才可以與對方好好溝通。

二 要換位思考

聰明的管理者是不會直接與對方爭論的。我們要學會換位思考，站在對方的角度看待問題，要讓對方覺得你是在為他着想，這樣才會讓他心悅誠服，最終達到溝通成功的效果。

三 轉變對方的思想

管理者在勸告或説服他人改變或者完成一件事情時，最簡單有效的方法就是讓他清楚和客觀地認識事情。讓他們知道哪些事情是對的，哪些是錯的；哪些是能做的，哪些是不能做的。幫助他們認清事實後，你就可以與他們達成共識，形成有效溝通。

四 滿足對方需求

每個人做事都有各自的目的和需求，所以在説服他人之前，要先了解他們的心理需求。管理者也是，在與偏執者進行溝通之前，要先了解他們心裏的想法，在做到準確了解後，再進行攻心戰略，這樣會使雙方的溝通更加有效。

五 使用「柔情策略」

管理者想要走進偏執者的心裏，就要不懼怕和偏執者溝通，也不要採取激烈和粗暴的方法讓他們改變主意，要用溫柔的態度去對待和勸説他們。

在工作中，管理者一定要切記，與個性偏執的人相處和溝通時，用強硬的態度對待他們是不行的。即使發生了衝突，也一定要保持冷靜，不要把對方的態度放在心上，先整理好自己的思緒，想好對策，用合適的語言和溝通策略與偏執者達成共識，引導他們做出正確的決定和選擇。

方法 83

如何激勵內向自卑者

性格內向的人，一般會覺得自己在任何方面都比別人差，在這樣的心理壓力下，他們會陷入強烈的自卑中，每天戰戰兢兢，也會把平時不起眼的小事放在心上，總對自己的失誤念念不忘，這樣就會造成惡性循環。如果員工以這樣的精神面貌對待工作，肯定是百害而無一利。

心理學家認為，性格內向的人外表看起來逆來順受，沒有主見，其實他們的內心有更好的理想追求，也渴望改變自己，這也是性格內向的人有強烈上進心的表現。也有科學研究表明，性格內向者也比一般人更有創造力。

雖然內向者可能會因為自卑或條件不佳等原因對工作不竭盡全力，但管理者只要學會正確的溝通方式，對內向者進行激勵，就會發揮出他們的最大的潛能和價值。

那麼，管理者要如何激勵內向者，讓他們對工作和生活充滿熱情，並發揮自己的潛能呢？管理者可以從以下幾個方面加以學習：

站在內向者的角度考慮

在與人溝通中，我們要學會將心比心，站在別人的角度思考問題以減少溝通障礙。做好這一點，在與內向者的溝通中顯得尤為重要。管理者與內向者的溝通中，要做到理解和尊重。嘗試着把自己放在他們的角度看待問題。當管理者這樣做時，就會增加溝通的順利程度。如果不能做到這些，管理者就不會與內向者達成有效的溝通，還會讓內向者產生戒備與敵對心理，這樣會得不償失。

二　用讚美和欣賞的眼光看待他們

每個人都希望自己得到別人的欣賞和讚美，尤其是內心自卑者。他們對自己沒有自信，更希望得到別人的認可和欣賞。管理者要很好地運用讚美的力量，在無形中激勵他們，從而使他們不停地進步和改變自己。

三　感性影響和理性影響相結合

管理者可以選擇感性和理性相結合的方法來激勵內向者。管理者可以運用一些感性和激勵性的語言來感染內向者，把他們的情緒調動起來，這樣的方法就是感性影響。理性影響就是管理者把內向者所面臨的問題，用科學和事實進行充分分析，從理性的角度來說服他們。只要把這個方法科學合理地運用起來，相信管理者能激起內向者的自信和激情。這樣也會調動起他們工作和生活的激情和樂趣，從而實現他們的自我價值和人生追求，最終管理者也會實現高效管理。

激勵對內向者來說，好比那黑暗中的指向燈。在彷徨和無助時，激勵給予他們前進的動力和方向。沒有激勵，人就很難行動起來。管理者要經常對內向的員工進行激勵和關注，讓他們從內向和自卑中走出來，對自己的生活和工作充滿自信和激情。

方法 84

如何獲得挑剔者的贊同

在工作和生活中，我們可能會遇到這樣的人，他們對別人的要求很高，會對別人的行為做法處處指責和挑剔，包括對同事、家人、朋友，甚至自己。可能這些挑剔者以此為樂趣，就喜歡挑出別人的毛病，即使是做得很好的事情，他們也會「雞蛋裏挑骨頭」，想方設法挑出毛病。可想而知，我們要是與這樣的人進行溝通得是多麼可怕的一件事啊！

在工作和生活中，和挑剔者一起共事是不可避免的，改變不了別人，那就改變我們自己。作為管理者，學會與挑剔者共事，也是一件極其重要的事情。那麼管理者應如何獲得挑剔者的贊同呢？管理者可以從以下幾個方面學習一下：

一 不要爭辯，保持沉默

對待愛挑剔、喜歡處處找事的人，千萬不要直接與他爭執。這時，如果你和他們理論，只會把事情變得更加糟糕。既然語言不能解決問題，那麼就先保持沉默，因為有時候沉默比爭辯更加有力量。所以，面對挑剔和挑釁，管理者不要氣憤，要冷靜下來，用沉默來回答。

二 給對方表現的機會

每個人都希望自己在別人心裏很重要，希望得到別人的尊重和肯定。其實，很多挑剔者都有一些自卑，他們挑剔別人是因為自己被肯定的慾望沒有得到滿足，所以採取這樣的做法來吸引別人的關注，獲得自以為是的滿足感。

三 贏得他們的信任

面對挑剔者，取得他們的信任很重要。在與挑剔者相處時，管理者要做到不斷地完善自我，不要被挑剔者挑出毛病，一旦被他們抓住缺點，再想重新獲得他們的信任和贊同就很難了。管理者要學會站在挑剔者的角度看待問題，此時就會明白他們的心理和需求，這樣溝通起來就順暢多了。要想獲得他們的信任就要真心接納他們，認可他們，從而獲得他們的認可。

四 讚美他們、滿足他們的需求

很多挑剔者處處挑別人的毛病，有時候是因為自己技不如人，從而產生了嫉妒和不滿的心理，既然他們想要通過這樣的方式來獲得別人的關注，那麼我們為何不滿足他們的心理呢？每個人的身上都有值得我們學習的優點和長處，可以真誠地給予他們讚美，得到認同後，挑剔者也會對你刮目相看。所以，管理者要真誠地讚美和滿足挑剔者，這樣也會得到挑剔者的贊同。

過分挑剔不但會影響人際交往，嚴重時還會對自己和他人造成傷害，所以管理者一定要運用合理的方法與他們進行溝通。雖然想要獲得他們的認可很難，但只要做好以上幾點，相信管理者在工作中，能夠得到他們的認可，從而實現高效能的工作成果。

方法85 如何與陌生人迅速建立關係

在人生的道路上，我們會遇見形形色色的陌生人。我們在與陌生人溝通或相處時，總會存在各方面的困難，相比和熟悉的人溝通，與陌生人在很短的時間裏建立關係，這就有些困難。作為管理者也是，你不可能總是局限在一個固定的關係圈裏發展，你要為了你未來的發展拓展人脈，積累更多的資源。公司的員工在不斷地流動，管理者要想做到高效管理，應該具有迅速與新員工打成一片，建立良好關係的能力。要與陌生人迅速建立關係，管理者要做到以下幾點：

一 記住對方的基本訊息

在對方把稱呼和基本訊息都透露出來時，管理者要做到牢牢記住他們的名字和其他的訊息，這樣會更加全面地了解對方。在下次見面時，如果你能準確地叫出他們的名字，或談一些他們感興趣的話題時，他們就會覺得自己受到了尊重，那麼他們的戒心就會下降，你們之間的溝通會順利很多，管理者也會很快地和他們建立良好的關係。

二 做到真誠的關心

要想與陌生人迅速建立關係，管理者還要做到引起他們的注意。怎樣引起陌生人的關注呢？只有一個竅門，就是真誠地關心對方。只有做到設身處地地為對方着想，真誠地關心對方，了解他們的需求和難處，這樣你就會吸引和感動對方，做到有效溝通了。

三 善於傾聽

想得到陌生人更多的訊息，我們要學會傾聽，保證對方有足夠的話語權。管理者想要與陌生人迅速建立關係，就要仔細傾聽對方的話語，當我們認真聽對方講話時，對方會覺得我們沒有敷衍他。如果管理者想要達成自己的目的，就要讓對方多說話，讓他自由表達自己的想法，也不要隨便打斷他的話。你的尊重會使他收穫滿足感，這樣一來，你們之間的溝通就不會存在障礙。

四 談論對方感興趣的話題

談論對方感興趣的話題是吸引對方注意，實現與陌生人溝通的關鍵因素。人總是對自己喜歡的東西感興趣，也會經常談論自己喜歡的東西，談論別人感興趣的話題不僅會讓溝通變得簡單，也會讓對方喜歡上你。

五 態度友好

在與陌生人相處時，由於彼此之間沒有相處經驗，所以發生衝突是可以理解的。當雙方發生分歧時，管理者要用友善的方式進行解決和溝通，誰都不會輕易改變自己的想法，態度友好地相處總比爭吵和憤怒更有利於解決問題。

方法86 委婉批評，讓對方更易接受

在待人接物中，委婉含蓄地表達是一種語言藝術，而直言直語是一把傷人傷己的雙刃劍。這就要求我們與別人相處和共事時，不要直接指出別人做法中的不當或提出批評。可能你的出發點是好的，但直言直語會有很大的殺傷力，很容易讓別人下不來台，輕則導致被批評者惱羞成怒，重則讓別人懷恨在心。所以，採用委婉一點的方法提醒或批評別人，其效果要遠遠好過直言直語。

這個道理在企業管理中同樣適用。管理者要學會借助語言的力量管理他人，委婉地把話表達出來，別人會樂意和自覺地接受批評，並在行動中改正錯誤。管理者要想實行委婉的批評，讓對方更容易接受，就要做到以下幾個方面：

一 先坦誠自己的缺點，為批評做好鋪墊

其實，要一個人主動承認自己的錯誤是很難的。如果管理者批評別人，在這之前應該先坦誠和謙遜地承認自己也不是十全十美、不會犯錯誤的。在真誠和友善的溝通後，再向別人指出他的錯誤，那麼被批評者就會很容易接受你的指責了。

二 先禮後兵

在企業管理中，管理者可以充分運用先「禮」後「兵」，就是在對員工進行批評之前，要有一個很好的鋪墊。先肯定和讚美一下對方，這樣就會形成一種良好的談話氛圍，然後把話題引向批評，這樣對方就會更好地接受批評了。

三 不要當眾進行批評

如果員工不是犯了不可饒恕的錯誤，就不要就他的問題進行當眾批評。每個人都有自尊心，管理者當眾批評會傷人面子，即使對方真的犯了錯誤，必須得到管理和改正，管理者也不能當着很多人的面來教育和指責他，可以採取委婉的方式，把他叫到辦公室，把錯誤指出來，然後指引他想辦法改正過來，這才是最好的方法。

說話這門藝術，我們還得加大力度進行研究，同樣，批評也是。不論是誰，一定要記住，當眾抨擊別人是錯誤的。一些事情，如果能用委婉的話來進行表達，別人也會從心裏感謝你。管理者要想獲得上司的信任和員工的支持，就要學會批評這門藝術。管理者一定要利用批評的激勵作用，來鼓勵員工幫助自己實現管理的最佳效能。

方法 87

讓恰當的讚美成為溝通的潤滑劑

如果說溝通是人際交往的橋梁，那麼讚美就是溝通的潤滑劑。既然讚美能夠贏得對方的好感，那麼在與人的溝通和相處中就應該不吝嗇語言去讚美對方，這樣更有利於雙方的溝通。

在企業管理中，讚美的力量也是無限巨大的。在工作中能做到真誠讚美下屬的主管，能讓他們的心理上得到滿足，也會提高他們工作的熱情和積極性，進而激發他們的潛能，會更好地為公司創造更大的價值。既然讚美那麼重要，那麼管理者應該如何給予別人恰當的讚美來贏得認同呢？

做到真心讚美

讚美需要我們發自內心地欣賞和誇讚別人，只有這樣別人才能感到我們的真誠。如果只是隨口說幾句動聽的話語，別人也會感覺到敷衍和虛偽。所以要想贏得別人的好感就要做到真心讚美，如果做不到，那就繼續保持沉默，不要讓別人對你產生虛偽的印象。

讚美要適度和得體

有句話叫過猶不及，任何事情都得有個限度，讚美也是。過分的誇讚就失去讚美原本的價值和意義了。所以，讚美要適度，不要讓別人以為你是在拍馬屁。此外，讚美要得體。作為管理者，不管是讚美上司還是下屬，一定要充分考慮對方的年齡、職業、身份和喜好等。

三 讚美要真實、具體

在讚美和誇獎別人時，一定要按照他的實際情況來進行讚美。例如，可以讚美他的優點、長處和身上所具備的特點。讚美的內容一定要真實。在誇獎別人時，你連自己都說服不了，怎麼可能讓別人相信你說的話呢？

四 讚美要及時

讚美別人還有一個要求就是要及時。當我們今天發現了別人穿了一件很漂亮的衣服，那麼就請及時對他進行讚美。別等對方走遠，或者已經穿戴好長時間了你再提起，就不會發揮它的作用了。管理者也是，在員工做出業績後，要及時讚揚，要是錯過了時機，表達的效果就差很多了。

管理者想要員工用最好的狀態對待工作，就要使用讚美這種最實用、快捷和經濟的辦法。員工只有擁有了自信和工作熱情才會保證工作的質量並順利完成工作。企業管理者也會因此提高自己的高效管理，從而走向成功。

方法 88

巧妙談判，在談判桌上實現雙贏

談判無時無刻不在我們的生活中，我們每天都要多次與人進行談判，只是我們從沒意識到而已。談判是解決難題的一個有力工具，它也能幫助我們捍衛自己的利益。而作為一個管理者，總會遇到談判的場合。管理者一旦在談判中達到成功，就可以幫助企業或個人擺脱困境，從而實現談判的勝利。而談判的勝利也意味着對企業高效能管理的實現。

管理者要想在談判桌上成為談判高手，就要掌握一定的談判技能。那管理者要怎樣才能在談判桌上實現雙贏，並體現高效能管理呢？

一 營造良好氛圍

在談判前，不要把談判對手當成自己的敵人，與他們相處要像和朋友一樣，用輕鬆的話題來開啓談判的大門。在氣氛逐漸融洽後，管理者就可以進一步選擇正式話題進行交流。管理者在談判時要注意保持自己的形象，要做到自信、大方、友善……利用好的形象來創造友好的談判氣氛。

二 主動打破僵局

在談判過程中，每個人都想實現自己利益的最大化，但這種可能是很小的。所以，談判雙方很容易因為利益問題發生衝突，導致談判容易陷入僵局。為了不使談判破裂，就需要有人主動打破僵局。這時管理者就可以成為打破僵局的那個人。在出現僵局時，管理者要用積極主動的態度，來喚起對方的回應。可以用一些輕鬆幽默的話緩解沉重的局面，其實在談判中，想要獲取最大的利益實現雙贏，應該學會適當的妥協和讓步。

三 提出關鍵性問題

一個聰明的談判者，會在談判的過程中巧妙地向對手提出關鍵性的問題。在進行談判時，我們不可能把對方的資料和底細全部弄清楚，這時就需要管理者巧妙地探取對方的底牌和有價值的訊息。在談判中合理掌握問話的時機，緊緊抓住機會，不要錯失良機。

四 勿忘談判目標

在談判一開始，管理者就要做到開門見山，開場就點明談判主題，讓談判對手按照我們的談判思路走，並且準確地判斷出對方的意圖，讓自己在談判中處於主動地位。此外，在談判中要有良好的心態，這樣才不會輕易地被對方激怒，才能時刻記住自己的目標從而實現它。

在商業領域，談判是一門需要管理者不斷學習和進步的課程。所以，管理者一定要巧妙地運用談判技巧，從而在談判桌上實現雙贏和高效能管理。

方法 89

步步為營，有邏輯的演講最具説服力

每個人都非常羨慕那些在台上侃侃而談的演講家，也都希望自己的演講能引起別人的興趣、利用自己充滿激情的言語和強大的感染力去影響別人。如果管理者想要憑藉精彩的演講去感染和鼓舞員工實現高效的管理，就要努力學習一下，讓自己的演講變得更精彩。

一 有個好的開端

萬事開頭難，演講要想得到別人的認可，就要擁有一個良好的開端，精彩的開始會拉近與聽眾的距離從而產生情感共鳴。管理者想要演講具有邏輯性，就要在演講之前，做好充分的準備，在表達上也要做到言語恰當，不要過於離譜，這樣會得到聽眾的認同。

二 用節奏控制氣氛

作為主管者，不管是演講還是其他的會議，控制和掌握整個會場的節奏是很重要的。在掌握整個演講的主動權後，你會更從容地面對觀眾，從而達到你預想的演講效果。在演講中，管理者還要營造一種氛圍，讓語言形成一種號召力滲透到現場的每一個角落，到達聽眾的心裏，這樣你的演講才會更有説服力。

三 掌握好演講時間

在企業中，時間比金錢更寶貴，管理者一定要充分利用好時間。管理者要學會靈活運用時間，在演講過程中做到長話短説，簡明概要，盡量壓縮時間，讓聽眾在最短的時間內聽到最核心和最有價值的東西。

四 觀點要得到認同

要想讓你的演講更有説服力，就得讓你的觀點得到聽眾的認同。管理者在進行演講前要確立一個主題，要讓演講的觀點更符合聽眾的想法，這樣才能得到大家的認可，你的演講也會更有説服力。

五 演講要讓聽眾受益匪淺

演講的目的就是傳遞一些有用的東西，給聽眾一個啓示。作為一個演講者，要讓聽眾能欣然接受你的意見，並使他們受益匪淺。管理者在演講之前，要明確自己演講的內容，明確地把自己的想法和經驗表達出來，聽眾才會覺得你演講的內容真實、可信，更具説服力。

一個好的演講的完成其實並不複雜，只要你肯認真準備、學習和訓練，就可以取得成功。管理者想要演講更具説服力和影響力，就要一步一步地計劃好，做到環環緊扣、步步為營，這樣做起來就會事半功倍。通過演講的動員和激勵後，企業員工也會提高自己的信心和動力，以更好的精神面貌去面對工作，最終實現高效能管理。

方法 90　溝通不良時的七個解決辦法

溝通是人與人之間連接的橋樑，良好的溝通也是走向成功的第一步。在企業管理中，一家公司由不同的部門和機構組成，而這些部門之間需要傳遞發生的訊息，為保證訊息順暢傳遞，需要各個部門的員工來協調完成。

擅長溝通的員工對企業的發展非常有益，同樣，管理者自身也需要有非常好的溝通能力。管理者做好了溝通，不僅會使自己的工作更輕鬆，還能增強企業的凝聚力和競爭力。

在與別人的溝通和相處中，我們會遇到不同的問題。為了不讓溝通影響企業績效的實現，管理者可以在溝通不良時，嘗試採取以下幾種辦法進行解決：

一　改變溝通的不良局面

在管理者與人溝通出現問題時，最好冷靜處理，主動思考有甚麼辦法來改變現在不好的狀態。溝通的目的就是讓雙方進行更直接和有效的交流，在雙方的溝通出現狀況時，思考哪些辦法可以打破僵局，讓對方放下戒備重新溝通，這是很關鍵的一步。

二 明確自己的想法

在想方設法恢復雙方關係之前，管理者要明確對待這件事的觀點和看法，把對這件事的定義理解清楚。溝通不良代表着與對方在對事情的定義上有不同的看法，為了更明確地分析原因達到有效溝通，管理者需要清楚地把事情分析好，這也會為以後的再次溝通做好準備。

三 多角度考慮問題

在溝通被阻礙時，管理者可以多角度考慮問題，既可以從對方的角度來理解自己的行為做法，也可以從更多的角度思考和解決問題。在問題發生後，也要多反思自己當時的行為積累經驗。

四 繼續溝通的價值

在溝通被打斷無法進行時，管理者要冷靜思考一下，在這件事情上是否還有轉彎的餘地，是否有繼續溝通下去的價值。如果有意義，管理者一定要想好策略，繼續進行有效溝通；如果沒有意義，管理者可以放棄繼續溝通，把時間用在更有價值的事情上。

五 雙方再次進行有效的溝通

溝通失敗後，管理者要尋找一個合適的機會，讓雙方進行第二次溝通。溝通之前，管理者要做一個承諾或道歉，讓他認識或了解目前的狀態。在明白目前的狀態後再進行溝通。只有溝通良好，才能讓對方把自己真實的想法告訴你，管理者在明確對方的心理後，也能採取一定的方法去改變現在的狀態。

六 思考以後的行動

在做到以上的要求後，管理者還要思考如何做更有效的溝通，能讓彼此在溝通上更進一步。溝通最終的目的還是解決問題，實現有效溝通。所以，在溝通不良時，管理者要未雨綢繆，提前想好解決問題的辦法，為下一步做好準備。

七 總結經驗

在不良溝通發生後，管理者要及時記錄這些事情，為進行下一步工作做好準備。在面對問題時，不要總是感到麻煩，一切發生和經歷的事情都是寶貴的經驗。管理者要經常總結發生這些事情有甚麼好處？只要有這種想法，任何事情都會迎刃而解了。

Chapter 10

精誠合作，利用合作提升戰鬥力

方法 91

廣交良友，廣結善緣

有句話説得好「沒有永遠的朋友，也沒有永遠的敵人，只有永遠的利益」。在激烈的商業競爭中，沒有哪個盟友是終身的，也沒有哪個對手是永遠的。商場瞬息萬變，在朝夕之間敵友的位置可能就會發生改變。現在商界提倡「戰略聯盟」，就是與同行甚至競爭對手之間結成聯盟，一起分享資源，共同抵禦危機，開創新的輝煌。這些就要求管理者正確處理敵友關係，做到「廣交良友，廣結善緣」。

當今商場如戰場，競爭十分激烈，一不留神就會被對手蠶食，成為他人成功的踏板。為了保住各自的利益，讓自己得到更好的發展，人們開始重視人脈，不斷發展和鞏固自己的盟友，他們既可以幫自己搜集一些商業資訊，又可以在面臨危機時向他們尋求幫助。事實也證明，人脈不發達很難在社會上生存，更何況一個企業。但管理者在廣結朋友、發展人脈時要特別注意一點，就是要注重結交朋友的品質，不要只重視數量。我們可以想想，自己的朋友有很多，但真正稱得上朋友的人有幾個。朋友不僅是你有了成績會來錦上添花的人，還是在你有了困難需要幫助時，能給你雪中送炭的人。

作為管理者，肩負的責任很重，也會更加需要人脈，但管理者絕不能隨便結交朋友。要結交益友、結善緣，不能結交損友、結惡緣。好的朋友會給你的事業帶來幫助，而損友會損害你的事業和名聲。

在激烈的商業競爭中，危機時常發生，管理者不可能每次都那麼幸運，總會有失利的時候。這時管理者就需要朋友的幫助來度過危機了。那麼，在複雜的人際交往中，管理者該如何做到「廣交良友，廣結善緣」，從而實現高效的管理績效呢？

一 首先提升自己

都說「物以類聚，人以群分」，你是甚麼樣的人，你結交的朋友也會是甚麼樣的。管理者想要結交到對自己有益的朋友，就要不斷提升自己。只有我們變得足夠優秀，才能遇到更好的人。要想得到別人的關注並成為朋友，身上得有吸引他的品質。

二 學會分辨益友和損友

管理者在不斷發展人脈的同時，要有一雙火眼金睛分辨出益友和損友。也許你的朋友夠多，但很多都是一些飯桌上的朋友，也就是酒肉之交，其中不乏一些心術不正的人。當遇見困難時，你能指望他們給予幫助？那是不可能的，他們絕不會雪中送炭，只會落井下石。作為管理者，在交友方面一定要擦亮自己的眼睛，讓良友幫助自己實現事業的成功！

多一個朋友，多一條出路。管理者在工作中要廣結良友，廣結善緣，重視起人脈的作用，充分利用好資源，為企業與自身的發展打好基礎。

方法 92

尋找合適的合作夥伴

「團結就是力量」這句話告訴了我們人多就是力量，只有通過合作才能產生更大的力量，才能讓我們順利輕鬆地到達成功的彼岸。

商場如戰場，各方在商界中爭鬥，稍不留神就會被對手吞食，成為別人邁向成功的墊腳石。在激烈的競爭中，管理者不可能每次都能躲開危機，總會有受到損失的時候。甚至可能在危機時期，很難憑藉自己的力量衝破困境、轉危為安。為了保證自己的利益，為了讓企業得到更好的發展，管理者要學會在日常工作中尋找合適自己的合作夥伴，這樣不僅可以在面臨危險之際尋求幫助，還可以讓管理者實現資源的高效整合和充分利用。

管理者想尋找合適的夥伴、用合作實現高效管理應該做到以下幾點：

一 看對方人品

蒙牛董事長牛根生說過：「德才兼備破格使用；有德無才培養使用；有才無德堅決不用。」找合作夥伴也是同樣的道理。管理者想要尋找一個合適的合作夥伴，最重要的就是看對方的人品怎麼樣。誠實守信，是基本的商業道德，也是做人最根本的品質。一個人的道德修養也會體現在其他方面，如果你的合作夥伴是一個道德修養很高的人，那麼你們之間的合作會很愉快。最起碼你不用擔心合作夥伴會不講道義，做背叛和出賣你的事情。所以，人品是挑選合作夥伴最重要的一個條件。

二 資源互補

管理者想要找合作的人，就是希望對方能擁有自己欠缺的能力和資源。試想，如果兩者得以結合，肯定會起到事半功倍的效果。管理者尋找合作夥伴考慮的方面有很多，比如：我們的執行力很強，就可以找一個能出謀劃策的人來進行合作；企業要在一個陌生領域開發新項目，就可以找一個有行業背景的人來進行合作；公司剛剛起步，沒有足夠的資金維持運營，就可以找一個財力雄厚的人來進行合作……這都是企業發展的硬性要求，管理者一定要嚴格把控好。

三 目標一致

很難想像你的合作夥伴和你有不同的奮鬥目標，如果雙方連努力的方向都不一樣，你們的合作也將面臨失敗。找一個志同道合的合作夥伴也是這個道理，只有雙方目標一致，就會共同努力朝着一個方向發展。如果目標不同，使多大力氣也是在做無用功。

四 可以共同承擔責任

企業的發展是一個不斷摸索和前進的過程。而與他人的合作也是一個不斷磨合和改進的過程。管理者與合作夥伴不僅要做到資源共享、互相依靠、共同努力，還要一起面對在合作過程中出現的風險和困難，簡單來説就是能做到一起承擔責任。雙方只有把各自的責任承擔起來，才能確保合作關係長久地進行下去。

五 能做到隨時進行溝通

雙方進行合作都是為了各自的利益，大家是一個利益共同體，為了維護自己的利益，避免誤會、達成統一意見，就需要雙方進行及時和主動的溝通。

合作夥伴的存在能夠讓管理者減輕壓力，使管理更高效一些。管理者謹記，合作夥伴的選擇非常重要，這是一件很謹慎的事情。如果選擇了一個不合適的合作夥伴，會阻礙公司的發展和自己的管理績效，甚至會讓你們的合作成果毀於一旦。合作有風險，選擇合作夥伴須謹慎。

方法93 制定願景，一路同行

在安徒生的童話中，關於願景的含義可以用其中的一個故事來詮釋：醜小鴨看着在天上自由飛翔的白天鵝用渴望的語氣說，那就是我的願景。

從這個角度來看，願景的含義有兩層：一是指那些想要實現的願望，二是想要實現的未來藍圖。

就企業而言，願景是企業更高層次的追求，一個企業要想產生巨大的向心力，樹立共同的願景是必不可少的。共同願景能把企業員工緊密連接在一起，協同工作，並互相產生親切感和信任感。在共同實現共同願景的過程中，會激發員工的工作積極性，為企業發展提供了源源不斷的動力，也會幫助管理者實現高效能的管理。

企業願景是企業最高管理者對企業未來的設想，是對企業的長期願望及未來狀況組織發展的藍圖，也是企業發展方向及戰略定位的體現。願景除了為企業發展和奮鬥提供方向，還為企業提供一股強大的驅動力。共同願景就像企業發展道路上的指南針，在遇到困難、挫折，甚至迷失方向時，它能使每個成員認清目標，共同努力前進。企業願景的制定和實施不僅能推動企業的成長和發展，還能快速提升管理者自身主管力及管理能力。

蕭伯納曾說：「生命中擁有一個至高無上的願景是多麼讓人高興的事，當你為實現它獻上自己全部精力的時候，它成為一種來自內心的強大力量，你的人生也會發生改變，不會僅局限於一隅，你會擁有廣闊的天空。」既然願景如此重要，那管理者該如何制定企業願景以實現自己高效的管理呢？為促進企業發展實現高效管理，管理者可以從以下幾個方面做起：

一 民主協商

管理者在制定共同願景時，一定要避免以自己的意志取代共同願景。在實際工作中，由高層宣佈的願景常會令人感到失望，即使為員工着想，但也會帶有一定的強制性。所以，管理者在制定願景時要做到以人為本，與員工一起協商，在得到員工的支持後，願景的實施會更加順利，並且工作效率的提升也會提高管理效能。

二 分階層制定願景

企業是由不同的員工組成的，這些員工也會分佈在企業內部不同的階層。企業中不同位置的人，因為所擔負的職責不同，面臨的問題也不同，會對願景的含義有不同的理解。員工希望自己的利益更多點，而企業管理者一心想讓企業變大變強……所處的階層不同，願景也會不同，這就要求企業管理者在建立願景時，將各個階層的願景分開製作，各階層的願景要與總願景相協調，在各階層願景實現後，企業總體願景也將會實現。

三 分階段制定願景

做事情要做到具體問題具體分析，制定企業願景也是。企業願景是一個長期宏遠的目標，雖然目標遠大，但不利於員工執行具體工作，目標太長遠會讓人產生厭煩和枯燥的心理，而不願意繼續努力工作。為避免出現這種狀況，管理者要讓員工看到目標的可實現性，對目標進行階段性分解，一步一步實現最終目標。

願景是企業發展的指向標，指引企業前進發展的方向。制定願景後，管理者可以通過願景來指引和管理員工，在帶領員工不斷地實現指定的願景時，也實現了自己的價值和高績效的管理。

鼓舞團隊士氣，引爆團隊能量

員工是企業的一分子，不管我們處在團隊的哪個位置，我們每一個人的存在價值都是通過自己在團隊中的責任表現出來的。個人的價值體現需要團隊來實現，而企業向心力的形成，也離不開團隊的力量。由此看來，團隊的力量是巨大的。而想要發掘和引爆團隊力量就得充分鼓舞團隊士氣。

作為管理者可以利用團隊士氣來整合有效資源提高自己的管理績效。培養團隊士氣，也就是在培養員工的責任感和工作態度。士氣不是憑空說幾句口號就能培養和帶動起來的，它更需要一種責任感和價值觀的約束。如果管理者能打造出戰鬥力很強的隊伍，員工在順利完成工作的同時也會獲得很大的滿足感和榮譽感，這時他們就會擁有飽滿的士氣。那麼，管理者該怎樣提高團隊士氣呢？

一 以身作則、身先士卒

作為團隊的管理者，自己必須積極主動地走在衝鋒和前進的路上，為下屬開路搭橋，身先士卒，以身作則，讓下屬跟隨自己的腳步前進，這樣下屬會有一個學習的榜樣和動力。做到了這一點，團隊成員的士氣和工作積極性都會提高。

二 肯定員工價值

員工來工作，當然希望自己的薪酬越多越好，但每個員工也都清楚自己的能力和位置，知道自己的能力和付出要和薪酬成正比，一個理智和聰明的員工不會有過分的薪水要求。員工工作的目的還有提升自己，積累工作經驗，這樣他們才會得到更多的報酬和更好的工作來實現自己的價值。團隊管理者想要更好地鼓舞和提升員工士氣，就要尊重和肯定員工的價值，並能夠真心感謝員工的付出。

三 合理分配

管理者要做到合理分配薪酬。同一團隊中，在按勞分配的原則下，還要體現公平的規則，要是成員之間的差距太大，會造成一些人的誤解。

四 為員工選擇合適的崗位

要根據員工的能力安排合適的崗位，做到充分利用人才，給予他們足夠的發展空間，讓員工能夠實現自己的價值，只有體會到工作的快樂，才能爆發出最大的能量。

士氣是高效團隊的精神，一個團隊只有擁有強大的士氣，才能在困難面前無所畏懼；一個管理者只有提高團隊士氣，才能實現優異的業績和高效的管理績效。

向對手學習，讓自己更加強大

一位著名的體育教練曾說過：「競爭對手是每個運動員最好的教科書，誰要想戰勝競爭對手，就必須向競爭對手學習。」在職場上，一個想要得到晉升的員工同樣要懂得向競爭對手學習的道理。對手就像一面鏡子，能真實地反映自己，我們可以通過對比認識到自己的不足，更加完善自己。作為一名在職的員工，你要時時面對各種各樣的競爭，你的競爭對手也是來自多方面的。面對眾多的競爭對手，你必須有向他們學習的勇氣，努力學習他們成功的經驗，讓自己儘快實現成功。

日本著名企業家福富在 17 歲時，進入了一家公司工作。當時公司裏都是一些資歷較深、富有經驗的老員工。福富因為年齡小、資歷淺，經常受到老闆的訓斥和老員工的輕視，他的處境很糟糕。在這種情況下，福富並沒有因此而畏懼退縮，相反他把這些當作機遇，總是力求在「挨罵」中學到一些東西。福富下定這樣的決心，當再次面對他們時，不再驚慌逃避，而是主動地向前鞠躬行禮並謙虛地打招呼說：「我資質較淺，難免有做不對的地方，請你多指教！」久而久之，老闆和前輩不再擺架子，常常給他指出應該注意和改正的地方。福富對於這些意見都虛心接納，然後按照他們的指點改正自己的缺點，努力讓自己把事情做得更好。功夫不負有心人，兩年後，公司老闆表達了對福富的欣賞，並讓他擔任了公司部門的經理。只有 19 歲的福富戰勝了公司裏面許多老員工，成為最年輕的經理。福富的成功源於他主動創造和把握住學習的機會，虛心向競爭對手學習。

比爾・蓋茨曾公開宣稱：「微軟離破產永遠只有 18 個月。」作為全球科技的巨頭企業，如果不能順應時代的發展，關注競爭對手，不斷地改進和學習，可能也會在瞬息間消逝。那麼管理者該怎麼向競爭對手學習，讓自己更強大呢？

一 全面了解對手

知己知彼，百戰百勝。在激烈的競爭中，企業之間競爭主要通過對實際情況進行全面、詳細、深入的了解來分析，做出符合企業實際情況的戰略政策和應對措施。企業在向競爭對手學習之前，一定要對對手的各方面資料進行全方位的分析和了解，不僅有利於更好地學習，還會幫助我們去超越和打敗對手。

二 取長補短

在向競爭對手學習時，要取其精華，去其糟粕，也就是取長補短。世界上沒有完美的人，也沒有完美的對手。我們可以虛心地學習他們的長處，來彌補自己的不足。不僅如此，我們也要多加注意對方的不足，以此來警示自己避免犯同樣的錯誤。

向競爭者學習是管理者最直接、最有效的學習方法，管理者想要在激烈的競爭中立於不敗之地，就要堅持向競爭對手學習。

方法 96 做一個可靠和值得信賴的人

在企業中，管理者直接負責的是你的員工。對於員工而言，雖然他們選擇的企業不可能讓他們直接取得成功，但員工到公司工作，就等於把自己的前途交付給了公司。員工可以很努力地工作，但公司能不能給員工及時提供一個好的平台呢？對於所在企業的發展前途，員工還是很關心的，有抱負的員工不僅為了賺取生活的薪水，還想通過工作來實現自己的人生價值，企業需要為員工提供一個好的晉升通道和發展前景。

當企業管理者能做到真心為員工着想，員工肯定會覺得這個公司或者這個主管很可靠，會認定在這家企業工作能讓自己獲得成功。

那麼，管理者該如何成為一個可靠和值得信賴的人呢？

一 正直守信

管理者想要獲得別人的信賴、做一個可靠的人，首先要在人格魅力上不斷地提升和修煉自己。人無信則不立，誠信是做人的根本，管理者不論對誰都要信守承諾。這個社會，聰明的人有很多，但大家往往不喜歡太聰明的人；所以管理者要切記吃虧是福，不管與誰共事都不要太在乎那點蠅頭小利。管理團隊不僅要使用成績來管理，更需要用人格魅力來管理，只要做到這一點，管理者也就相當於成功了一半。

二 公平待人

公平說起來簡單，但要做到實際上是很難的。管理者想要獲得員工的認可，還要在工作中做到公平、公正地對待每一個人，只有做到公平合理，才能保證管理制度有效而順利地實行下去，這也是管理者高效管理的體現。

一個人一生中如果能讓人覺得靠得住、信得過，是件非常不容易也是非常可貴的事。管理者能讓員工信賴，被當作主心骨，一心追隨，這個管理者也是成功的。所以，管理者要成為讓人信賴的人，讓強大的人格魅力為自己實現高效的人力資源管理，從而帶領員工走向成功。

敞開胸懷，博采眾議

在現實生活中，大家大多有過這樣的經歷。在某個問題上與別人有不同的意見或觀點不一致時，你可能會與他爭辯得面紅耳赤，也可能會覺得對方總是不能理解你而惱羞成怒。大部分人都會認為自己的觀點是正確的，別人是錯誤的，並會想盡辦法去説服對方認同自己的觀點。但人都是固執的，當對立雙方都採取固定的思維模式，很難討論出問題的結果。雙方有時不僅達不成共識，甚至還會爭吵到不歡而散。這時，我們犯了一個愚蠢的錯誤，那就是失去了一次補充和完善自己想法的機會。

但是如果兩個人的意見一致，其中一個人的意見必定是多餘的，意見相同的人溝通起來毫無益處，意見有分歧才會有收穫。如果一位有才智的人與他人的意見和觀點不同，那麼對方的觀點肯定有他尚未體會的奧妙，值得好好學習。不管在工作還是學習中，與人合作就要注重學習和體驗與自己完全不同的世界。

為了發展自己、豐富自我，我們要學會去尊重差異，更要敞開胸懷，博采眾議。

而團隊合作中，我們也要做到尊重差異，管理者要鼓勵團隊裏的每個人積極闡述自己的建議，要認真、用心地聽取他人的想法，在廣納意見的同時還要做到獨立思考，形成自己的想法，而非盲目地人云亦云。在接納別人意見的同時，也會提高我們自己的工作效率，讓自己博采眾長並高效地完成工作。在工作中，我們要廣泛地接受別人的意見和建議。那麼我們具體該如何實行呢？

一 態度謙虛

人都不是十全十美的，任何人都有缺點和不足。我們只有通過與他人的比較，才能看出自己的不足。在別人與自己的觀點不同或出現錯誤時，要虛心接受別人的指導。一個人的眼界畢竟是有限的，比你有才能的人有很多，在看出自己的不足後，更要謙虛地學習，學習一切讓自己進步的東西。雖然相比一般的員工，管理者的閱歷和經驗會更豐富一些，但肯定也會有欠缺的地方。這就要求管理者謙虛學習，不斷地進步。

二 移情傾聽

每個人所處的位置不同，考慮事情的角度也會不同。別人的意見有時可能很難理解，這就需要我們學會移情傾聽，站在別人的角度認真思考問題，這樣對方的觀點就會很好理解了。做到準確理解別人的意見後，再加以整合發揮，這樣會起到事半功倍的效果。

在與別人的相處中，不要只聽到別人的讚揚，還要做到廣納良言，接受自己的不足，正確剖析自己，找到解決的辦法，不斷提高和改進自己。一定要記住，高效工作不僅是埋頭苦幹，還要去汲取別人的經驗來實現自己的成功。

方法 98

修煉個性魅力，做一個受歡迎的人

人格魅力是指一個人在性格、能力、氣質、道德品質等方面具有很吸引人的能力。一個人要是很受別人的歡迎、喜愛，那麼他實際上也就具備了一定的人格魅力。

一個卓越的管理者，強大的人格魅力是必不可少的，它是人際交往的一張通行證，也是完成高效管理的必備條件。管理者應怎樣修煉自己的魅力，做一個受朋友喜愛、受下屬尊敬的人呢？

一 自信

自信是一個人成功的重要因素。管理者要相信自己，並在公眾面前展現這種自信，而這種自信會轉化為外在力量，如堅定、強勢，這樣的管理者無疑是受人歡迎的，這樣下屬和朋友都會認同他。

二 榜樣

不管在公司發展的哪個階段，管理者都要做到身先士卒，衝在前方帶領員工奮勇向前。身為管理者，要求別人做到的事，自己要首先做到。管理者的主管力不是靠語言表現出來的，而是靠行動做出來的，用規定把自己約束起來，讓自己成為大家的榜樣。管理者做好了榜樣，管理起員工來才能得心應手。

 器量

一個人的品格高不高，要看他對待朋友的態度。同樣地，一個管理者的品格是否高尚，要看他對待下屬的態度。如果管理者沒有容忍之心，會有失主管風度。對待朋友沒有寬容之心，非君子所為。所以，做人還是要有器量。器量是一種優秀的品德，一個優秀的管理者往往會具備這些品德。

四 自律

一個優秀的人，你會發現他們做事不慌不忙，井井有條。而作為管理者，你會發現主管力的本質不是管理別人，而是自我管理。管理者想要得到別人的尊敬和認可，就要做到嚴於律己。一個不能自律、控制不了自己的人，很難管理別人；所以管理者要做到自律，並形成一種優秀的品格。

人格魅力還包括無私、專注、擔當、沉穩、幽默、誠信等。在人際交往中，你建立起來的人際關係越好，交的朋友越多，就越能獲得和增加自己的力量。管理者想要獲得更多人的歡迎和信任，就要不斷修煉和塑造自己，以此達到有效的人力資源管理。

方法 99

發揮集體的智慧和力量

團隊的發展和擴大不僅僅依靠管理者來維護和建設，企業和團隊的發展要依靠每一個成員的力量來實現。

總之，企業只有在管理者與下屬的共同努力下，才能健康發展。但在企業發展的過程中時常會出現各種各樣、大大小小的問題。對於企業來説，只有解決好這些問題，才能通順無阻地繼續發展。管理者不要小看或者忽視這些大大小小的問題，如果不能及時發現或解決這些問題，想要取得好的業績就是異想天開。

作為管理者，解決問題的責任便落到管理者身上。這時，就需要管理者承擔起責任，找到解決問題的辦法。但一個人的力量或精力畢竟有限，面對簡單的問題還可以從容應對，在危機時刻，僅憑藉管理者個人的能力，企業可以在危難時刻得以保存嗎？答案是很難，一個人的能力和精力畢竟有限，管理者要發揮集體的智慧和力量，把團隊建設成一支高能且高效的隊伍。

為了避免因個人能力與精力的不足使團隊出現危機，管理者應該在團隊內部實現合作。整個團隊就是一棵大樹，樹根負責吸收地下的養分和水分；樹幹負責運輸養分和水分，並支撐整個樹冠；樹枝要把養分和水分傳輸給樹葉；而樹葉要負責進行光合作用。管理者要充分利用每個成員的力量，發揮出他們最大的價值，做到遇到問題有人負責。那麼，管理者該如何操作才能解決好這個問題呢？

一 留存有當

管理者在給員工分配工作時，一定要考慮員工有沒有能力完成它。如果分派的工作太難，就會打擊員工的積極性。管理者要根據員工能力的不同，來分派難易不同的任務，這樣一來，團隊的工作效率就會大大提高。

二 進行悉心的指導

管理者在把任務分配給他們的同時，還要耐心指導他們該怎樣去做，管理者有責任為他們指明方向，提供服務和幫助。管理者要引導並教會員工正確處理問題的做法，時間長了，團隊成員的能力會得到飛速提高。

三 明確自己的責任

管理者有責任教育與指導員工，而在管理者把工作分派給員工時，同樣員工也得明確自己的責任。這個問題非常重要，不要等到問題與漏洞出現時，員工之間互相推卸責任，找不到負責的人。如果真是這樣，這也是管理者無效管理的表現。所以，團隊成員之間一定要明確好各自的責任。

著名管理學家布朗認為，管理者如果想發揮管理績效，就得勇於承擔責任。一個團隊和組織要想達到高效管理，團隊裏的每個成員都要一起承擔責任、解決問題。

方法100 用企業文化塑造向心力

企業文化會對一個企業的生存和發展產生極大的影響，因為企業文化會帶來向心力，具有一種非常重要的凝聚功能。企業文化的建立目的就是讓員工之間形成一種強大的向心力和凝聚力。在共同價值觀形成後，員工就會把自己的命運與企業聯繫起來，把工作看成實現共同價值的重要部分，把企業當作自己的家，加倍努力完成自己的工作為企業創造績效。

企業文化塑造的向心力，可以實現員工高效的工作與團隊的凝聚力。那企業管理者應如何打造優秀的企業文化、塑造向心力呢？

一 以人為本

一個企業想要打造一個好的企業文化，就要充分做到以人為本這個重要原則。企業文化的建設要把關注人的價值、激發人的潛能、尊重人的個性作為立足點。爭取塑造良好的工作環境，要聽從員工的意見，努力讓員工主動了解企業文化建設的內容，這樣的企業文化才能體現員工的意志。

二 強化主管責任

在建設企業文化的過程中，管理者是主要負責人，也是關鍵人。企業管理者想要企業文化有實效，就要從長遠角度考慮企業文化，確定企業文化的內容和目標，要明確到具體的部門和員工。在管理者的主管下，讓員工廣泛參與企業文化的制定，這是合理和高效的管理辦法。

三 塑造核心價值觀

核心價值觀也就是企業核心的團隊精神。價值觀是企業的文化核心，推動大家朝着一個方向去努力發展。管理者在打造企業文化時要考慮企業需要甚麼樣的企業文化，員工需要具備的品質有哪些。正像一個人的價值觀決定他的行為一樣，企業的行為取向也是由企業價值觀決定的。管理者要塑造核心價值觀，凝聚和代表管理人員與員工共同的思想觀念。

企業員工生活在共同的環境下，肯定會受到特定企業文化的薰陶。在企業文化不斷凝聚下，形成無堅不摧的向心力，整個團隊激發出巨大的能量，實現高效的成績。

著者
顧嘉

責任編輯
陳芷欣

裝幀設計
陳寶欣

排版
何秋雲

出版者
萬里機構出版有限公司
香港北角英皇道 499 號北角工業大廈 20 樓
電話：2564 7511　　傳真：2565 5539
電郵：info@wanlibk.com
網址：http://www.wanlibk.com
http://www.facebook.com/wanlibk

發行者
香港聯合書刊物流有限公司
香港新界大埔汀麗路 36 號
中華商務印刷大廈 3 字樓
電話：2150 2100　　傳真：2407 3062
電郵：info@suplogistics.com.hk

承印者
美雅印刷製本有限公司
香港九龍觀塘榮業街 6 號海濱工業大廈 4 樓 A 室

出版日期
二零二零年七月第一次印刷
二零二三年六月第二次印刷

規格
大 32 開（210 mm × 142 mm）

Published and Printed in Hong Kong, China.

ISBN 978-962-14-7261-8